防災福祉の まちづくり

公助・自助・互助・共助

川村 匡由=著

水曜社

防災福祉のまちづくり
公助・自助・互助・共助

はじめに

　2011（平成23）年3月11日の東日本大震災（東北地方太平洋沖地震）によりおよそ2万人の方が犠牲になった。また、地震と津波によって東京電力福島第一原子力発電所事故が起き、多くの方々が住居地を離れることを余儀なくされた。以降、政府をはじめ、地元岩手、宮城、福島3県など多くの自治体や関係機関・団体、災害ボランティアなどが被災者の救援や捜索、補償・賠償、避難生活および生活再建、復旧・復興に努めているが、対応は財源の確保や復興計画をめぐる合意形成の難しさもからんで遅々としており、今なお14万人以上が仮設住宅や全国各地に避難し、不自由な生活を強いられている。
　大震災からの復旧・復興には国際社会も重大な関心を寄せているだけに、先進国の一員として方策はより一層迅速に進め、第二次世界大戦（アジア太平洋戦争）後、短期間によって戦災復興および高度経済成長を遂げた"日本力"を改めて国際社会に示したいところである。
　それにしても、なぜ、日本はこれほどまで地震や津波、山・崖崩れ、地滑りなどの土砂災害、火山噴火、台風、集中豪雨などの風水害、原子力災害への対策が不十分であるのか。
　このような問題意識のもと、筆者は日本における過去の災害に対する被災者の救援や捜索、補償・賠償、生活再建、復旧・復興に対し、社会保障の視座に立ち、ややもすればこのような問題を事後措置として扱う制度・政策、事業・活動にとどまっている社会保障・社会福祉に対し、事前措置も含めた〈災害保障〉および〈災害福祉〉としてとらえ、かつ防災福祉という新たな概念を位置づけ、その現状の把握を踏まえ、問題の解決策を提言したのが本書である。
　具体的には、まず第1章で防災福祉の位置づけをしたうえ、第2章で災害対策の現状について述べた。そのうえで、第3、4章で群馬県渋川市など防災福祉に先進的に取り組んでいる各自治体の取り組み、およびスイスなど海外の最新事情を紹介した。最後に、5章で防災福祉のまちづくりへのシステム化

について提言をまとめ、結びとした。
　本書が東日本大震災および東京電力福島原発事故はもとより、古来、各地で繰り返されている地震や津波、土砂災害、火山噴火、風水害、原子力災害などに対する防災福祉のまちづくり、さらには防災福祉の国への地平を開く一助になれば幸いである。

川村　匡由

目次

はじめに

第1章　防災福祉の位置づけ

1. 社会保障と社会福祉の融合 …………………………………………… 12
[1] 社会保障としての災害保障 …………… 12
　▶1── 平和および福祉国家・日本と社会保障
　▶2── 抑制される社会保障費
　▶3── 社会保障・社会福祉と災害対策
[2] 社会福祉としての災害福祉 …………… 18
　▶1── 社会福祉と社会保障の関係
　▶2── 地域福祉の計画的推進
　▶3── 防災福祉のまちづくりへ

2. まちづくりとソーシャルワーク ………………………………………… 24
[1] ソーシャルワークの概念・体系および課題 …………… 24
　▶1── ソーシャルワークの概念
　▶2── ソーシャルワークの体系
　▶3── ソーシャルワークの課題
[2] 災害ソーシャルワーク …………… 30
　▶1── 災害の概念
　▶2── 災害ソーシャルワークの展開過程
　▶3── 災害ソーシャルワークの課題
[3] 住民・ボランティア・NPO・事業者の役割 …………… 39
　▶1── 住民の役割
　▶2── ボランティア・NPO・事業者の役割
　▶3── 避難所運営の場合

3. 防災福祉とまちづくり ……………………………………………… 47
[1] 防災福祉の概念 …………… 47
[2] 防災福祉とコミュニティ …………… 50
[3] 防災福祉のまちづくり …………… 51

第2章　災害対策の現状

1. 災害法制 ……………………………………………… 58
　[1] 主な災害法制 ………………… 58
　[2] 災害関連の法制 ………………… 60

2. 行政・指定機関・民間組織 ……………………………………… 62
　[1] 行政 ………………… 62
　[2] 指定機関 ………………… 64
　[3] 民間組織 ………………… 65

3. 災害対策の課題 ………………………………………… 67
　[1] 災害の発生可能性の認識不足 ………………… 67
　[2] 過去の災害の風化 ………………… 70
　[3] 対米従属と政財官学の癒着 ………………… 72
　[4] 公助の縮減と互助、共助の混乱 ………………… 74
　[5] 集権国家の病弊 ………………… 78

第3章　防災福祉の先進自治体

1. 群馬県渋川市 ……………………………………………… 82
　[1] 地勢 ………………… 82
　[2] 災害対策 ………………… 83
　[3] 防災福祉 ………………… 84
　[4] 特徴的な事業 ………………… 85
　[5] 当面の課題 ………………… 88

2. 東京都北区 ……………………………………………… 89
　[1] 地勢 ………………… 89
　[2] 災害対策 ………………… 92
　[3] 防災福祉 ………………… 93
　[4] 特徴的な事業 ………………… 95
　[5] 当面の課題 ………………… 97

3. 静岡県焼津市 ··· 98
　　［1］地勢 ·················· 98
　　［2］災害対策 ················· 100
　　［3］防災福祉 ················· 101
　　［4］特徴的な事業 ·············· 103
　　［5］当面の課題 ················ 105

4. 高知県黒潮町 ··· 106
　　［1］地勢 ·················· 106
　　［2］災害対策 ················· 108
　　［3］防災福祉 ················· 109
　　［4］特徴的な事業 ·············· 110
　　［5］当面の課題 ················ 112

5. 鹿児島市桜島町 ··· 112
　　［1］地勢 ·················· 112
　　［2］災害対策 ················· 113
　　［3］防災福祉 ················· 115
　　［4］特徴的な事業 ·············· 116
　　［5］当面の課題 ················ 118

第4章　海外最新事情

1. スイス ·· 122
　　［1］国勢 ·················· 122
　　［2］災害対策 ················· 125
　　［3］防災福祉 ················· 133

2. アメリカ ·· 134
　　［1］国勢と災害対策 ············· 134
　　［2］防災福祉 ················· 138

3. キューバ ……………………………………………… 139
   [1] 国勢と災害対策 ………………… 139
   [2] 防災福祉 ………………… 140

第5章　防災福祉のまちづくりへのシステム化

1. 防災福祉文化の醸成 ……………………………………… 144
   [1] 防災福祉文化の概念 ………………… 144
   [2] 情報の収集と共有 ………………… 144
   [3] 地域防災と地域福祉の融合 ………………… 150

2. 公助・自助・互助・共助 ……………………………………… 153
   [1] 公助・自助・互助・共助の概念 ………………… 153
   [2] 政府の自助・共助 ………………… 154
   [3] 真の公助・自助・互助・共助 ………………… 155

3. "縦割り行政"の是正 ……………………………………… 164
   [1] 政府の"縦割り行政" ………………… 164
   [2] 自治体の"縦割り行政" ………………… 166
   [3] "縦割り行政"の是正策 ………………… 169

4. 危機管理体制の確立 ……………………………………… 172
   [1] 危機管理の意義とシステム ………………… 172
   [2] 危機管理と防災福祉 ………………… 173
   [3] 「想定内」の危機管理体制 ………………… 176

5. 分権国家への転換 ……………………………………… 178
   [1] 災害対策の拡充と地方再生 ………………… 178
   [2] 行財政改革の断行 ………………… 179
   [3] 分権国家への転換 ………………… 182

あとがき ………………… 187
参考文献 ………………… 189
索　　引 ………………… 190

第1章
防災福祉の位置づけ

1. 社会保障と社会福祉の融合

[1] 社会保障としての災害保障

▶1 ── 平和および福祉国家・日本と社会保障

　周知のように、1946（昭和21）年に制定された日本国憲法はその第25条第1項で国民の生存権を保障するとともに*¹、同法第2項で政府および自治体*²に対し、その社会保障的義務を定めている*³。この規定は、明治維新を遂げ、近代国家を建設すべく制定した大日本帝国憲法にはなかった社会保障を法定化したというだけでなく、国民主権、基本的人権の尊重、平和主義からなる三大原則を具現化した、という意味で画期的である。

　その背景には、明治維新以来、第二次世界大戦が終了するまでの間、東アジアなどの諸外国に対し、さまざまな侵略戦争を行った日本軍国主義の悔恨と数百万人にも上る内外の犠牲者の鎮魂、および本土が焦土と化した惨禍への反省に立ち、ドイツのワイマール憲法*⁴を参考に、平和および福祉国家・日本への転換、さらには世界平和のため、国際貢献を果たすことにある。それは同時に、イギリスの経済学者、ベヴァリッジが1942年、同国の再生のために提出した「ベヴァリッジ報告」*⁵、および国際連合（国連）が1948年、第3回総会の採択により、国際社会に提示した「世界人権宣言」の基本精神に合致する*⁶。その意味で、国民の生存権はナショナルミニマム（国家最低生活保障）を示したものでもある（**写真1-1**）。

　そして、日本政府は、国連が1950年、第5回総会で毎年12月10日を「世界人権デー」とし、各国でその記念行事を行うことを決議したことに先立ち、前年の1949（昭和24）年から毎年12月4〜10日を「人権週間」と定め、期間中、関係機関や団体の協力を得て各地でシンポジウムや講演会、座談会、映画会を開催している。また、新聞やテレビ、ラジオなどを通じ、基本的人権の尊重の重要性を普及・啓発することになった。

　この社会保障について、社会保障制度審議会（現社会保障審議会）が1950

（昭和25）年、社会保障は社会保険や公的扶助、社会福祉、公衆衛生および医療、恩給*7、戦争犠牲者援護、関連制度からなるむねの「社会保障制度に関する勧告（50年勧告）」を出したことを受け、その概念づけに乗り出した。

具体的には、社会保険は年金保険、医療保険、労働者災害補償保険（労災保険）、失業保険（現雇用保険）、公的扶助（同生活保護）、社会福祉は老人福祉、障害者福祉、児童福祉など、公衆衛生は結核・精神病・麻薬・伝染病・上下水道・廃棄物処理、および医療、恩給は文官恩給・旧軍人恩給など、戦争犠牲

写真1-1　平和・福祉国家の象徴の原爆ドーム
（広島市の平和記念公園にて）

者援護は戦没者遺族年金など、住宅対策は公営住宅建設など、そして、雇用対策は失業対策事業などからなる関連制度とした。また、その財源は公的扶助の生活保護など一部を除き、基本的には国民から徴収する租税と社会保険料とし、所得の再分配によることとした。

その後、国民経済の進展や少子高齢化、多様化する国民のニーズに応じ、1989（平成元）年、新たな財源として消費税を導入したほか、2000（平成12）までに老人保健制度をはじめ、介護保険法、および老人保健制度に変わる後期高齢者医療制度を創設するなどして整備・拡充を図り、現在に至っている（図表1-1）。

▶2 ── 抑制される社会保障費

ただし、日本の場合、資本主義体制のもとでの社会保障であるため、マルクス経済学の視座によれば、社会保障は資本主義の矛盾を政府の制度・政策によって是正するものにすぎず、抜本的な方策とはいえない。この点、社会民主主義体制のスウェーデンやデンマーク、ノルウエー、フィンランドなどの北欧諸国の場合、社会保障に住宅や雇用などの保障を加えた社会政策として取り

図表1-1 社会保障の概念

最広義	広義	狭義	
			社会保険（年金、医療、労災、雇用、介護）
			公的扶助（生活保護） 社会福祉（老人、障害者、児童等）
			公衆衛生（結核・精神病・麻薬・伝染病・上下水道・廃棄物処理等） および医療（老人保健・後期高齢者医療制度等）
		恩給（文官恩給・旧軍人恩給等）	
	戦争犠牲者援護（戦没者遺族年金等）		
関連制度　住宅対策（公営住宅建設等）・雇用対策（失業対策事業等）			

出典：川村他編著『社会保障（第4版）』（久美出版、2016年）P-35を修正

組んでおり、「高福祉・高負担」の「北欧モデル」として国際社会をリードしている。

　しかし、資本主義体制、社会民主主義体制、あるいは中国やロシア、キューバなどの社会主義体制のいずれを選択するかどうかはそれぞれの国の歴史や文化、国民性などに違いがあるため、それぞれの国民の総意にかかっているが、日本は資本主義体制のなか、「中福祉・中負担」の社会保障とされている。もっとも、1989（平成元）年、福祉の財源として導入された消費税は当初の3％から5、8％、さらには民主党政権下での民主（現民進党）・自民・公明三党合意による「社会保障と税の一体改革」のもと、2017（平成29）年4月、10％に引き上げる予定だったものの、第三次安倍政権では「成長戦略（アベノミクス）」による景気回復の効果は道半ばとの理由により、2019（平成31）年10月に先送りされることになった。

　しかし、潜在的国民負担率[*8]は2015（平成27）年度現在、50.8％で、スウェーデン（58.4％＝2014年）など北欧諸国に比して高い[*9]。「高負担」といえよう。しかも、昭和40年代から人口の高齢化や石油危機、その後のバブル崩壊やリーマンショック、少子化に伴い、年金、医療、介護、子育てなどに対する国民のニーズが高まるなか、社会保障構造改革[*10]に踏み切り、社会保障費を抑制する半面、経済のグローバル化や長引くデフレ不況に伴い、非正規雇用者や低所得者、ホームレス（路上生活者）などが急増し、貧困と格差が拡大する一方で新たな社会問題として浮上している。2060（平成72）年の本格的な少子高齢社会および人口減少を前に、国民の不安はつのるばかりで、所

得の再分配という社会保障の機能への不信感が蔓延化しつつある。

それというのも、戦後約70年経った現在、日本はGDP（国内総生産）でアメリカ、中国に次いで世界第三位を占めるまで発展しているものの[*11]、国民の生活レベル（国民一人当たりのGDP）[*]は1位がルクセンブルク、2位が

写真1-2 「老々介護」も日常化している日本（岐阜市内にて）

ノルウエー、3位がカタール、4位がスイス、5位がオーストラリアであるのに対し、日本は27位にとどまっているからである[*12]（写真1-2）。

なぜ、日本は戦後、わずか20〜30年で戦災復興および高度経済成長を遂げたにもかかわらず、この体たらくなのか。それは、長年にわたる政官財の癒着により、東京、大阪、名古屋の三大都市圏を中心とした土建型公共事業を中心とする経済優先、および中山間地域や島嶼地域など人口や財政規模の小さな市町村は合併によって周辺の地方都市に集約し、国民の食を預かる農林水産業を基幹産業とする地方を切り捨て[*13]、国政および地方選挙に積極的な高齢者のため、年金や医療、介護を中心とした社会保障は充実したものの、子育てや学校教育に対する手当は冷遇しているからである。

それだけではない。中曽根政権当時の臨調行革路線、橋本政権当時の政府六大改革、小泉政権当時の社会保障構造改革など、歴代自民党、およびその後、一時期、細川連立政権、自社さ連立政権、民主党政権をはさむ自公政権のもと、公共サービスの民営化や市町村による地域福祉の推進などの法定化にもかかわらず、2016（平成28）年現在、約1000兆円に上る赤字国債を少しでも減らすべく、2011（平成23）年に起きた東日本大震災など、被災地の復興を名目とした国土強靭化や2020（平成32）年の東京五輪の招致など土建型公共事業の復活、あるいは長引くデフレ不況からの脱却を掲げた大企業や富裕層のための利益誘導、および対米従属のもと、社会保障費を抑制する一方、消費税など租税や社会保険料を引き上げる反面、法人税は引き下げ、

さらに議席の過半数を占める与党議員をいいことに、憲法解釈の変更により集団的自衛権の行使容認を強行採決するなど横暴をきわめているが、肝心の国民は経済の回復や社会保障の充実など、目先の政策しか関心を示しておらず、漂流する国となりつつある。

▶3 —— 社会保障・社会福祉と災害対策

　このようななか、東日本大震災および東京電力福島原発事故、また、2014（平成26）年の御嶽山（標高3,067メートル）噴火、さらには2016（平成28）年、熊本地震も発生するなど、日本は"災害列島"であり、かつ火山大国、さらには世界で唯一の被爆国でありながら、アメリカ、フランスに次ぐ原発大国であるにもかかわらず、社会保障の概念に災害対策の文言はまったくない。

　しかも、社会保障は厚生労働省、災害対策は内閣府というように"縦割り行政"であるため、有史以来、地震や津波、火山災害はもとより、台風や集中豪雨などの風水害、土砂災害が発生し、各地で多くの犠牲者を出していながら、また、東日本大震災および東京電力福島原発事故は未収束で、かつ復旧・復興が遅々としているにもかかわらず、九州電力川内原発や四国電力伊方原発などの再稼働、インドへの原発の輸出、被災者の「震災関連死」や「減災」などといった言葉が当たり前のように受け止められている。

　しかし、災害対策は環境対策などとともに国民の生存権に関わる安全・安心な生活の確保のために欠かせない制度・政策である。このため、地震や津波、火山災害はもとより、台風や集中豪雨などの風水害、土砂災害、さらには原子力災害などの対策も環境対策とともに関連制度に加え、国民の生存権を保障すべく〈災害保障〉として位置づけ、名実とも最広義の社会保障とすべきである。

　具体的には、災害対策を〈災害保障〉と位置づけるとともに、社会保障の下位概念とされている社会福祉に〈災害福祉〉を加え、高齢者や障害者、乳幼児、妊婦、生活保護世帯、ホームレス、外国人などの災害および社会的、経済的弱者に対し、平常時はもとより、災害時においても社会保障および社会福祉の対象とすべきである。併せて、過去の災害を教訓とし、その原因の究明や責任の追及、被災者の補償・賠償や生活再建など復旧・復興、さらには再発

防止のため、国土形成計画[*14]や地域防災計画[*15]の推進、防災教育の啓発を図り、防災福祉のまちづくりに努めるべきである（**図表1-2**）。

そのためには国民も平常時より防災に努める一方、被災地で災害ボランティアとして参加し、支援する。また、NPO[*16]や事業者、とりわけ、社会福祉施設は福祉避難所としての場の提供や食料・飲料水の備蓄、配給など、平常時より他の自治体との広域的な災害時相互応援協定や受援計画の締結を通じ、政府および自治体と連携し、自助や互助、共助に努めることが求められる。

具体的には、国民は平常時から食料・飲料水の備蓄や懐中電灯、充電式携帯ラジオ、簡易トイレなど防災用品の常備、預金通帳や被保険者証（保険証）などの非常用持ち出し袋、危険個所や避難経路・避難場所の確認など自助に努める一方、地域の高齢者や障害者、乳幼児、妊婦、生活保護世帯、ホームレス、外国人など災害および社会的、経済的弱者の見守りや安否確認に努め、災害時にその互助としての"きずな"を強める。

また、市町村の地域防災計画の策定に参画したり、高齢者や障害者、乳幼児、妊婦、生活保護世帯、ホームレス、外国人など災害弱者を対象とした災害時要援護者・要配慮者支援台帳の作成、防災訓練への参加を通じ、家族・住民との互助、被災地における災害ボランティアとしての被災者や被災地の支援からなる共助に努めることが必要である。その意味で、限られた財源を災害対策や社会保障および社会福祉に優先的に配分し、だれでも住み慣れ

図表1-2　これからの社会保障・社会福祉と災害対策

社会保険（年金、医療、労災、雇用、介護）
公的扶助（生活保護）
社会福祉（地域福祉、高齢者、障害者、児童、福祉産業、産業福祉、住環境、情報、司法、教育、災害福祉、国際社会福祉等）
公衆衛生（結核・精神病・麻薬・伝染病・上下水道・廃棄物処理等） 医療（老人保健・後期高齢者医療制度等）
恩給（文官恩給・旧軍人恩給等）
戦争犠牲者援護（戦没者遺族年金等）
関連制度　住宅対策（公営住宅建設等）・雇用対策（失業対策事業等）・環境対策 　　　　　災害対策（自然災害・人為的災害等）

出典：拙著『社会福祉普遍化への視座』ミネルヴァ書房、2004年、P-23を修正

た地域で生存権が保障され、いつまでも健康で、かつ安全・安心な生活の確保のため、防災福祉のまちづくりが必要である。

[2] 社会福祉としての災害福祉

▶1── 社会福祉と社会保障の関係

ところで、上述したように、社会福祉を社会保障の下位の概念としてとらえるのか、それとも上位の概念としてとらえるのか、さらには社会福祉を現金給付の所得保障などと切り離し、社会福祉サービスに限定するのか、などの議論がある。

これについて、筆者は前出・図表1-2で明らかなように、社会保障は年金・医療・労災・雇用・介護からなる社会保険としての現金給付の所得保障であるとともに、社会福祉は地域福祉、高齢者福祉・障害者福祉・児童福祉など社会福祉サービスとしての福祉保障、すなわち、ソーシャルワークと表裏一体にとらえるべきであると考える。なぜなら、三浦文夫が指摘しているように、戦後の高度経済成長に伴い、国民生活が豊かになったため、国民の福祉ニーズは戦後の混乱期にみられた貨幣的ニード（ズ）から非貨幣的ニード（ズ）、すなわち、現金給付の社会保障費から現物給付の社会福祉サービスへと移りつつあるからである[*17]。

しかし、近年、経済のグローバル化やデフレ不況のため、労働者の約4割は非正規雇用、また、生活保護率は政府の適正化政策[*18]にもかかわらず、中高年や母子家庭を中心に年々急増している。また、地域経済も疲弊する一方で、かつて東京、大阪、名古屋の三大都市圏を中心とした高度経済成長も東京一極集中へと様変わりしており、貧困と格差は広がるばかりである。

おかげで、高齢者の"老老介護"や"認認介護"、孤独死、介護殺人、一家無理心中、地方では"シャッター通り"や"限界集落"[*19]も出現しており（**写真1-3**）、社会福祉サービスとしての福祉保障だけでなく、現金給付の所得保障としての年金、医療、介護、子育て、貧困、ホームレスに対する制度・政策の充実が必要である。「保育園落ちた。日本死ね!!!」。これこそ現代日本の疲弊を物語っている。

写真1-3 「限界集落」が増えている中山間地域(徳島県三次市〜高知県大豊町境にて)

　その意味で、岡村重夫が示した、社会生活を営むうえで経済的安定や職業的安定、家族的安定、保健・医療の保障、教育の保障、社会参加ないし社会的協同の機会、文化・娯楽の機会の七つの基本的要求が充足されることが今、求められているのである[*20]。そこにはアメリカの心理学者、マズローのヒューマン・ニーズ階層論[*21]を踏まえた問題意識がある。

　しかし、近年の医療水準の向上に伴う長命化、国民の福祉ニーズの多様化などをかんがみれば、社会福祉は高齢者や障害者、乳幼児、妊婦、生活保護世帯、ホームレス、外国人など災害および社会的、経済的弱者だけを対象とした選別主義的なサービスだけでなく、壮年期より成人病の早期発見・早期治療から老化の防止、ひいては老後の生きがいや社会参加など健常者も対象とした普遍主義的なサービスの拡充へと図るべきである。まして、21世紀の本格的な少子高齢社会および人口減少を見据えれば、これらの七つの国民の基本的要求を充足するだけでなく、そのQOL(生活の質)の向上に関わる福祉ニーズの充足から充実へと昇華すべきである。それだけに、戦後の混乱期に規定された国民の生存権は健康で文化的な最低限度の生活を保障するだけでなく、

そのQOLの向上に関わる福祉ニーズの充実のため、生活権へと昇華すべきである。

したがって、社会福祉は国民一人ひとりの幸福の追求、さらにはQOLの向上に関わる福祉ニーズの充実のため、国民の基礎的ニーズとしての生存権の保障だけでなく、その付加的ニーズとしてのQOLの向上、すなわち、生活権に関わる社会権の保障として要請されているため、国民においても自立と連帯のもと、その社会的実現をめざし、行政と協働していくことが求められる。そこに、社会保険と公的扶助を基本とする社会保障では賄い切れないため、社会福祉の普遍化によるダイナミズムが期待されているのである。

▶2 ── 地域福祉の計画的推進

このような社会福祉の普遍化によるダイナミズムは、21世紀の本格的な少子高齢社会および人口減少に向け、ますます多様化するであろう国民の福祉ニーズに応じたサービス、すなわち、ソーシャルワークとして大きな意義がある。

周知のように、社会福祉は老人福祉法、障害者福祉法、児童福祉法など福祉六法からなるが、なかでも2000（平成12）年の社会福祉事業法の改正・改称による社会福祉法第4条により、地域福祉は、住民が住み慣れた地域で生存権が保障され、いつまでも健康で、かつ安心・安全な生活を確保することができるよう、住民参加にもとづく公私協働による地域組織化を通じ、福祉のまちづくりとして推進すべき制度・政策および事業・活動として意義がある。なぜなら、同法第4条で住民は単に社会福祉サービスの受け手というだけでなく、担い手として位置づけられたほか、地域福祉は当該市町村の社会福祉施設や市町村社協、町内会、自治会、NPO、事業者などすべての関係機関や団体も連携して取り組むことが法定化されたからである[22]。

なかでも注目されるのは、日本国憲法第89条の「公私分離の原則」[23]を踏まえ、長年、社会福祉施策の一部を社会福祉法人や市町村社協に委託していた国および自治体、とりわけ、基礎自治体である市町村に対し、地方自治法第2条第4項[24]にもとづき、基本構想としての総合計画を策定するなか、社会福祉法第6条[25]において、市町村社協など当該の関係機関や団体と連携し、地域福祉の推進を図るべきむね法制化されたことである。これは、まさに日本

国憲法第92条*26の地方自治の本旨を受けたものとしてきわめて有意義なことである。

　この結果、これまで、ややもすれば政府および自治体における上下・主従関係による制度・政策にとどまっていた社会福祉は、その後、住民参加にもとづく公私協働による事業・活動を加え、かつ地域福祉として計画的に推進し、地域組織化を通じ、福祉のまちづくりに取り組む条件が整備されることになった。その意味で、社会福祉法の施行による地域福祉の計画的な推進は、硬直化した官僚制度および政官財の癒着による土建型公共事業、さらには対米従属の外交により招いた国家財政の逼迫をはじめ、東京一極集中や産業・就業構造の変化、地域経済の衰退、非正規雇用者の増大など貧困と格差の拡大に伴い、疲弊した政治・経済を建て直し、地域活性化およびコミュニティ再生によって福祉のまちづくりに取り組み、集権国家から分権国家へと転換すべき地平を切り拓いたものとして意義がある。

　ただし、地域福祉はもともと、全国社会福祉協議会（全社協）が1999（平成11）年、それまでの「社会福祉協議会基本要項」を改定した「新・社会福祉協議会基本要項」のなかで、地域福祉は「住民主体の原則」から「住民活動主体の原則」と改めて以来、多くの市町村社協により、高齢者の見守りや安否確認、障害者の外出介助、児童に対するボランティア体験授業、共同募金活動、ボラントピア事業、ふれあいのまちづくり事業（現地域福祉ネットワーク事業）など、民間ならではの創意工夫によって地域福祉に取り組み、市町村を先導してきた事業・活動である。

　その地域福祉を政府は、なぜ法定化したのか。そこには1973（昭和48）年の石油危機に直面し、国民に自助や互助、共助を求める行財政改革の一環という狙いがある。すなわち、"官製の地域福祉"である。もっとも、多くの自治体、わけても市町村は明治維新以来、ややもすればいまだに政府の指導待ちであり、また、国民も行政依存から脱却しきれておらず、「お任せ民主主義」に甘んじていることも確かである。

　そこで、このような政府による相次ぐ法改正や新法の制定により、市町村を中心とした地域福祉の計画的な推進という意義も評価できなくはないため、"官製の地域福祉"に注意しながらも国民は主権者たる市民*27として住民自

治にもとづく公私協働により、地域福祉を計画的に推進していく必要がある。また、その際、市町村および市町村社協を中心とした地域福祉の計画的な推進による福祉のまちづくりにとどまらず、日本は"災害列島"であり、かつ火山大国、さらには原発大国であるため、どのような防災福祉のまちづくりに取り組むべきか、という国家的な命題を直視する必要がある（**写真1-4**）。

▶3 ── 防災福祉のまちづくりへ

　このような防災福祉のまちづくりに取り組むためにはどのような方策が必要であろうか。筆者は市町村の地域福祉計画と市町村の社会福祉協議会（社協）の地域福祉活動計画、および市町村の地域防災計画を一体化、または連動して策定し、地域防災と地域福祉を同時に推進することが不可欠と考える。

　具体的には、地域福祉計画について、国民は主権者として自覚し、住民自治にもとづき、だれでも住み慣れた地域で生存権が保障され、いつまでも健康で安全・安心な生活が確保できるよう、自治体や社協、社会福祉施設、医療機関、NPO、事業者など関係機関や団体と公私協働で取り組む制度・政策および事業活動に参加し、高齢者福祉、障害者福祉、児童福祉などの社会福祉を地域化すべきである。もとより、市町村は老人福祉計画や介護保険事業計画、障害者（障害福祉）計画、次世代育成支援行動計画などを統合すべく、地域福祉計画を策定することが重要である。

　これに対し、地域福祉活動計画は市町村社協が住民に呼びかけ、だれでも住み慣れた地域で生存権が保障され、いつまでも健康で、かつ安全・安心な生活を確保するため、民間ならではの創意工夫によって取り組む事業・活動で、高

写真1-4　災害対策との一体化が望まれる地域福祉（福岡県福智町役場にて）

図表1-3 地域福祉計画と地域福祉活動計画の関係

出典：筆者作成

図表1-4 地域防災計画

① 防災体制の組織と運営
② 防災知識の普及啓発
③ 食料・飲料水の備蓄
④ 防災施設等の整備
⑤ 災害発生危険箇所
⑥ ①～⑤以外の災害予防対策
⑦ 情報連絡体制
⑧ 避難・救護対策
⑨ 緊急輸送対策
⑩ ⑦～⑨以外の応急対策
⑪ その他

地震対策
津波対策
原子力災害対策
風水害対策
火山災害対策
大規模災害対策
大規模事故対策

出典：内閣府HP、2016年より作成

齢者や障害者、乳幼児、妊婦、生活保護世帯、ホームレス、外国人など災害および社会的、経済的弱者の見守りや安否確認、配食サービス、ふれあい・いきいきサロンなどに取り組むものである（**図表1-3**）。

一方、地域防災計画は災害対策基本法第40条第1項および同法第42条第1項にもとづき、都道府県および市町村がそれぞれの防災会議に諮ったうえ、地震や津波、風水害、火山災害、大規模災害、大規模事故、原子力災害などの防災対策や災害時における応急対策、さらには復旧・復興について策定するものである[*28]。また、それぞれの市町村の地域特性、とりわけ、活断層や島嶼、沿岸部、河口部、扇状地、臨海部、埋立地、液状化、河岸、低地、急傾斜地、盛り土、中山間地域、崖、活火山などの地形や立地、地盤のほか、

港湾やコンビナート、老朽化した木造住宅の密集地、ビル街、商店街、ブロック塀、自動販売機、原発、米軍基地などの立地をはじめ、過去の災害の有無や今後の災害の危険性に応じ、地震や津波、風水害、火山災害、土砂災害などの大規模災害、原子力災害や交通事故、危険物爆発、火災などに対し、その防災体制の組織と運営および防災知識の普及啓発、食料・飲料水の備蓄、防災施設などの整備、危険個所、情報連絡体制、避難・救護対策、緊急輸送対策などを講ずるものである（**図表1-4**）。

ただし、そのためには社会保障の新たな概念として関連制度に災害対策を加え、〈災害保障〉および〈災害福祉〉を実体化するため、地域福祉計画、地域福祉活動計画および地域防災計画を一体化、または連動して策定し、ともに計画的に推進し、防災福祉のまちづくりに取り組むことが重要である。そこに、平常時、災害時を問わず、だれでも住み慣れた地域で生存権が保障され、いつまでも健康で、かつ安全・安心な生活が確保されるのである。

2. まちづくりとソーシャルワーク

[1] ソーシャルワークの概念・体系および課題

▶1 ── ソーシャルワークの概念

次に、まちづくりに関わるソーシャルワークについて述べてみたい。

まずソーシャルワークの概念だが、これは福祉六法にもとづき、対象をクライエント（利用者）個人にしたケースワーク（個別援助技術）、小集団にしたグループワーク（集団援助技術）、地域の住民全体にしたコミュニティワーク（地域援助技術）[*29]を中心に取り組み、個人、または小集団のクライエントの自立支援および地域組織化、すなわち、福祉のまちづくりに努める専門的な理論と技術である。

具体的には、福祉ニーズを有するクライエントの生存権を保障すべく、その

基本的人権を尊重し、だれでも住み慣れた地域で生存権が保障され、いつまでも健康で、かつ安全・安心な生活を確保し、自己決定権により自己実現が可能なよう、その自立支援を図ることである。そのためには従来のようにクライエントのそれぞれの生活場面において、ケースワークやグループワーク、コミュニティワークを個別に行うのではなく、福祉六法にもとづき、コミュニティソーシャルワークとして政治・経済・社会など幅広い基礎知識とノーマライゼーションの理念などの福祉倫理（倫理綱領）、社会福祉の歴史や知識、公私にわたる制度・政策および事業活動などに関する専門知識と関連知識を踏まえ、ソーシャルワークの専門的、かつ総合的な理論と技術を生かすべきである。その意味で、ソーシャルワークは政策科学と実践科学を統合した統合科学であるとともに、何よりもクライエントの実存を重視した人間科学でなければならない（**図表1-5**）。

同時に、クライエントが社会人としての機能を果たすにあたっての困難を援助する社会性、社会生活上の基本的要求を充足する全体性、生活主体者としての主体性、生活上の問題を現実的に解決する現実性の四つの原理を踏まえる。そしてクライエントの人間尊重や特定の人格を有する個別化、職業的、経済的、社会的、身辺、日常生活動作（ADL）、金銭管理なども可能な手段的日常生活動作（IADL）などの主体性の尊重、問題状況における変化や成長・

図表1-5　社会福祉と諸科学との関係

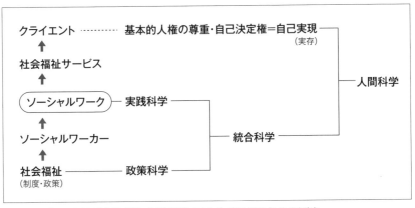

出典：拙編著『社会福祉援助技術（21世紀の社会福祉⑳）』ミネルヴァ書房、2003年、P-3を改変

向上の可能性を信頼し、尊重する変化の可能性の尊重およびソーシャルワーカーとしての専門的な理論と技術の展開の五つの原理を踏まえる。そのうえで双方の契約にもとづき、インテーク（面接）、アセスメント（事前評価）、プランニング（援助計画の策定）、サービス（援助活動の実施）、モニタリング（事後評価）からなるソーシャルワークの展開過程を通じ、クライエントのだれでも住み慣れた地域で生存権が保障され、いつまでも健康で、かつ安全・安心な生活を確保し、自己決定権により自己実現が可能なよう、その自立支援を図ることである。

したがって、地域福祉と地域防災を融合すべき防災福祉のまちづくりも、当然のことながらこのようなコミュニティソーシャルワークの視座に立ち、コミュニティソーシャルワーカー（CSW）を中心に、関係機関や団体、さらにはクライエントも含め、一体となって取り組むことが必要である。

なお、この場合のコミュニティソーシャルワーカーだが、基本的にはソーシャルワークの専門的、かつ総合的な理論と技術を習得した認定社会福祉士[*30]が望ましいが、本人の資質や経験、意欲によっては社会福祉士や介護福祉士、ホームヘルパー（介護職員初任者研修修了者）、精神保健福祉士、ケアマネジャー（介護支援専門員）、医療ソーシャルワーカー（MSW）、看護師、保健師、医師、さらには町内会や自治会員、民生・児童委員などだれでも差し支えない。要は、認定社会福祉士などの有資格や本人の資質や経験、意欲以上にクライエントの信頼が得られることが最も重要である。

▶2 ── ソーシャルワークの体系

ところで、一口にソーシャルワークといっても、それぞれのサービスの利用者やその目的、方法、範囲によってさまざまだが、概観すれば直接援助技術のケースワークとグループワーク、間接援助技術のコミュニティワーク、ソーシャルワークリサーチ（社会福祉調査法）、ソーシャルアドミニストレーション（社会福祉管理運営）、ソーシャルアクション（社会活動法）、ソーシャルプランニング（社会福祉計画法）、関連援助技術のソーシャルサービスネットワークやケースマネジメント（ケアマネジメント）、スーパービジョン（スキルアップ教育）、カウンセリング、コンサルテーション（助言・指導）からなる（図表1-6）。

具体的には、まず直接援助技術は福祉ニーズを有する個人や家族のクライエントに対し、ソーシャルワークを実践し、そのエンパワメント（能力付与）を高める（個別援助技術）。または、複数のクライエントを小集団にグルーピングし、それぞれのクライエントが抱える共通の福祉ニーズを充足するため、グループであることを生かし、社会福祉サービスをダイレクトに提供する（集団援助技術）。

　間接援助技術は個人的な生活問題を有するクライエントのエンパワメントを高める専門的な理論と技術である。このうち、コミュニティワークは地域福祉を推進していくうえで必要な各種ソーシャルワークを実践し、クライエントのエンパワメントを高めるとともに、福祉のまちづくりにつなげる専門的な理論と技術である。

　一方、ソーシャルワークリサーチは住民の福祉ニーズやその環境上の問題の解決のため、統計調査や踏査調査などを実践する専門的な理論と技術である。さらに、ソーシャルプランニングはソーシャルワークリサーチを受け、地域特性や住民の福祉ニーズに応じ、地域福祉を向上させるべく、計画的に推進する専門的な理論と技術である。

　これに対し、ソーシャルアドミニストレーションは行政や施設、事業者など

図表1-6　ソーシャルワークの体系

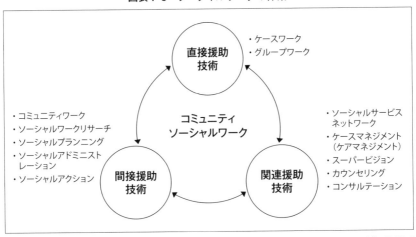

出典；筆者作成

関係機関や団体における社会福祉サービスの事業の運営管理、さらにはその従事者の人事労務を行う専門的な理論と技術である。このほか、ソーシャルアクションは地域の福祉問題の未解決な部分について、関係者が政府や自治体など関係機関や団体に対し、必要な措置を講ずるよう陳情したり、請願したりする専門的な理論と技術である。

　一方、関連援助技術は直接援助技術や間接援助技術に関連させ、ソーシャルワークとしてさらにそれらの技術をレベルアップさせたもので、ソーシャルサービスネットワーク、ケースマネジメント（ケアマネジメント）、スーパービジョン、カウンセリング、コンサルテーションからなる。

　このうち、ソーシャルサービスネットワークは保健・医療・福祉など必要なサービスを横断的に連絡・調整する専門的な理論と技術である。また、ケースマネジメントは社会福祉サービスを効率的、合理的に提供するため、クライエントの福祉ニーズに応じ、サービスをネットワークする専門的な理論と技術で、介護保険制度の場合、とくにケアマネジメントとしているが、ケースマネジメントがケアマネジメントだけを意味する、という視座については異論もある。筆者もその一人である。

　スーパービジョンはソーシャルワークに必要な理論や経験が豊富なスーパーバイザーがその任務に当たるスーパーバイジーに対し、よりよい専門的な理論と技術を発揮することができるよう、適切な助言や指導、監督を行うスキルアップのための教育である。また、カウンセリングは専門的な訓練を受けたカウンセラーが心理的な問題を抱えているクライエントを面接し、その福祉ニーズを充足する専門的な理論と技術だが、より高度な専門的な理論と技術は臨床心理士と酷似したもので、管理的な機能を持たず、有効な助言や協議を通じ、援助を行う専門的な理論と技術であるところに違いがある。

　なお、コンサルテーションはスーパービジョンと酷似した専門的な理論と技術だが、管理的な機能を持たず、有効な助言や協議を通じ、適切な助言と指導を行うところに違いがある。

　いずれにしても、ソーシャルワーカーはクライエントと家族や行政など関係機関や団体など社会資源との仲介・調停・連携・処理、援助（処遇）・治療・教育・保護・社会変革への働きかけなどの機能と役割を有する専門職でかつ

総合職であるため、バイスティックの七原則[*31]にもとづき、クライエントとの信頼関係（ラポール）を築くことがその前提となる。

▶3──ソーシャルワークの課題

　ところで、ソーシャルワークの課題だが、第一は、ケースワークやグループワークからなる直接援助技術やコミュニティワークやソーシャルワークリサーチなどの間接援助技術はもとより、ケースマネジメントやコンサルテーションなどの関連援助技術とも十分連携させて行うことである。ソーシャルワーク、とりわけコミュニティソーシャルワークはその性格上、従来のコミュニティワークとこれらの直接援助技術、さらにはケースマネジメントやコンサルテーションなどの関連援助技術とリンクさせた専門的、かつ総合的な理論と技術を習得し、福祉のまちづくりに努めることが必要だからである。

　第二は、ソーシャルワークは地域の社会資源を十分活用し、住民運動、あるいは市民運動的な専門的な理論と技術として習得することである。ソーシャルワーク、とりわけコミュニティソーシャルワークは個人、あるいは小集団、もしくは住民全体をその対象とし、その地域で自立生活の支援や地域環境の改善など、政治的、経済的な問題の解決に関心をおく。すなわち、そのためにはすべての住民が連帯して地域の社会資源を調達したり、開発したりすることが必要だからである。

　そして、第三は、その展開過程上、専門的な理論と技術としての地域福祉を踏まえ、ソーシャルワークリサーチやソーシャルプランニングなどの間接援助技術と連携させ、実体化することである。なぜなら、ソーシャルワーク、とりわけ、コミュニティソーシャルワークは個人、あるいは小集団のみならず、住民全体の福祉ニーズについて、アンケート調査やタウンミーティング、ワークショップ、ワールドカフェを実施して把握したり、それまでの行政や関係機関や団体など地域の社会資源の整備・利用状況や関連の資料・文献の収集を行ったりして社会福祉調査を実施し、地域の問題の発見や住民の生活課題をアセスメントしたうえ、地域の社会資源をどのように調達・開発して最も合理的、かつ効率的なサービスを提供することができるのか、関係機関や団体などとの協議を通じ、援助目標を立てて優先順位を設定後、それにもとづいて、地

域福祉計画などを策定し、地域組織化を図ることが必要だからである。

このようにソーシャルワークは住民全体に働きかける専門的、かつ総合的な理論と技術である。地域の特性や住民の福祉ニーズや問題により、技術も活動内容も柔軟に対応し、福祉のまちづくり、さらには防災福祉のまちづくりに取り組むことが重要である。

したがって、防災福祉のまちづくりをめざすためには、クライエントを患者としてみる医学モデルから人格者としてみる生活モデル、さらにはその社会的、経済的環境なども踏まえてソーシャルワークを実践すべく、ジェノグラム（家族関係図）からエコマップ（社会関係図）へとマッピングしたシステム論に立つ一方、クライエントの福祉ニーズに対し、個別にソーシャルワークを実践するスペシフィックソーシャルワークを止揚し、ジェネラリストソーシャルワークとしてソーシャルワークを普遍化し、コミュニティソーシャルワークとして実践することが重要である（**写真1-5**）。

[2] 災害ソーシャルワーク

▶1 ── 災害の概念

『広辞苑』(第六版) では災害とは「異常な自然現象や人為的原因によって、人間の社会生活や人命に受ける被害」と定義している。「異常な自然現象」による災害は「地震、台風、火山噴火、洪水など」であり「人為的原因」による災害は「交通事故、性的被害、誘拐、殺人、テロ、戦争などが該当」するであろう。

災害対策基本法第2条第1号では、災害は「暴風、竜巻、豪雨、豪雪、洪水、崖崩れ、土石流、高潮、地震、津波、噴火、地滑りその他の異常な自然現象又は大規模な火事若しくは爆発その他その及ぼす被害の程度においてこれらに類する政令で定める原因により生ずる被害」とし、「これらに類する政令で定める原因により生ずる被害」は、同法施行令第1条で「放射性物質の大量の放出、多数の者の遭難を伴う船舶の沈没その他の大規模な事故」とする。

また、被災者生活再建支援法第2条によると、自然災害は「暴風、豪雨、豪雪、洪水、高潮、地震、津波、噴火その他の異常な自然現象により生ずる被害」

としている。さらに「災害弔慰金の支給等に関する法律」第2条によると、「暴風、豪雨、豪雪、洪水、高潮、地震、津波その他の異常な自然現象により被害が生ずること」としているが、これらの各法があげている災害はいずれも「異常な自然現象」による災害、すなわち、自然災害といえる。

写真1-5　期待されるコミュニティソーシャルワーク
（北海道夕張市内のふれあいサロンにて）

　一方、原子力災害対策特別措置法第2条の1によると、原子力災害は「原子力緊急事態により国民の生命、身体又は財産に生ずる」災害としているが、防災福祉を考える本書における災害の概念は地震や津波、火山災害、風水害などの自然災害および原子力災害などの人為的災害とし、他の災害に対する言及は別の機会に譲りたい。

　なお、2011（平成23）年、東京電力福島原発事故を伴った東日本大震災を機に、「減災」なる概念が政府より発議され、一般に普及しつつあるが、災害対策は一人の犠牲者も出さないよう、最善の防災措置を講ずるところに意義があるにもかかわらず、始めからその方策をあきらめているかのような「減災」なる概念を持ち出すことには違和感がある。なぜなら、そこにはメディアを通じ、国民に「安全神話」を吹聴し、原発の危険性を押し隠してきたにもかかわらず、その責任をとらず、事故の収束はおろか、再稼動や海外への輸出に乗り出す原子力政策が垣間見るような気がするからである。

▶2──災害ソーシャルワークの展開過程

　次に、災害時のソーシャルワーク、すなわち、災害ソーシャルワークの展開過程だが、平常時のソーシャルワークの展開過程はややもするとクライエントの福祉ニーズや地域の福祉問題・課題に対し、その充足や解決を図るべく、福祉六法にもとづき、ケースワークやグループワーク、コミュニティワークなど

が実践されているが、これは本来のソーシャルワークとはいいがたい。なぜなら、ソーシャルワークとはクライエントの福祉ニーズや地域の福祉問題や課題が生じないよう、「Plan-Do-See（Check）」理論にもとづき、ソーシャルワークリサーチにより、クライエントと思われる個人、または小集団の福祉ニーズや地域の問題や課題を抽出し、その解決や充足のため、ソーシャルプランニング、すなわち、援助計画を策定したうえ、必要な制度・政策および事業・活動を推進する一方、ソーシャルアドミニストレーションに努めることが基本だからである。

ただし、それでもクライエントの福祉ニーズや地域の福祉問題や課題が生じた場合、はじめてケースワークやグループワーク、コミュニティワークを通じ、ソーシャルサービスネットワークやケースネジメント、カウンセリングによりクライエントの福祉ニーズの充足や地域の福祉の問題や課題の解決を図るとともに、その結果に対し、ソーシャルワーカー、またはクライエント、もしくは第三者がモニタリング、すなわち評価し、その結果、なおクライエントの福祉ニーズや地域の福祉の問題や課題が残るならばソーシャルワーク全体を見直すことになるからである。このため、ソーシャルワークとは本来、クライエントの福祉ニーズや地域の問題や課題が生じないよう、事前措置として実践すべきで、決して事後措置として実践すべき専門的な理論と技術ではない。

まして、災害ソーシャルワークの場合、事前措置としてのソーシャルワークに万全を期すべきである。地域の特性、とりわけ、地形や立地、地盤、過去の災害の有無、危険個所をソーシャルワークリサーチによって抽出し、その結果を住民に開示し、だれでも住み慣れた地域で生存権が保障され、いつまでも健康で、かつ安全・安心な生活を確保し、防災福祉のまちづくりに努めるべく、住民参加にもとづく公私協働により、平常時の地域福祉計画および地域福祉活動計画と地域防災計画を一体化、または連動して策定し、住民は食料・飲料水などの備蓄や避難場所、避難経路の確認、被災者の救援や捜索、避難生活および生活再建、さらにはインフラの復旧・復興への協力など自助、互助に努める。

市町村は都道府県および政府と連携、またはその指導のもと、被災者の救援や捜索、補償・賠償、避難生活および生活再建、インフラの復旧・復興など

公助に努めるほか、ボランティアやNPO、事業者の支援の受け入れや連絡・調整に努め、かつ彼らの共助をも加え、災害時でもだれでも住み慣れた地域で生存権が保障され、いつまでも健康で、安全・安心な生活が確保されるよう、防災福祉のまちづくりに取り組むのである（**図表1-7**）。しかも、災害の種類や規模、程度、被災地の狭小、広域に応じ、的確、かつ迅速なソーシャルワー

図表1-7　ソーシャルワークの展開過程

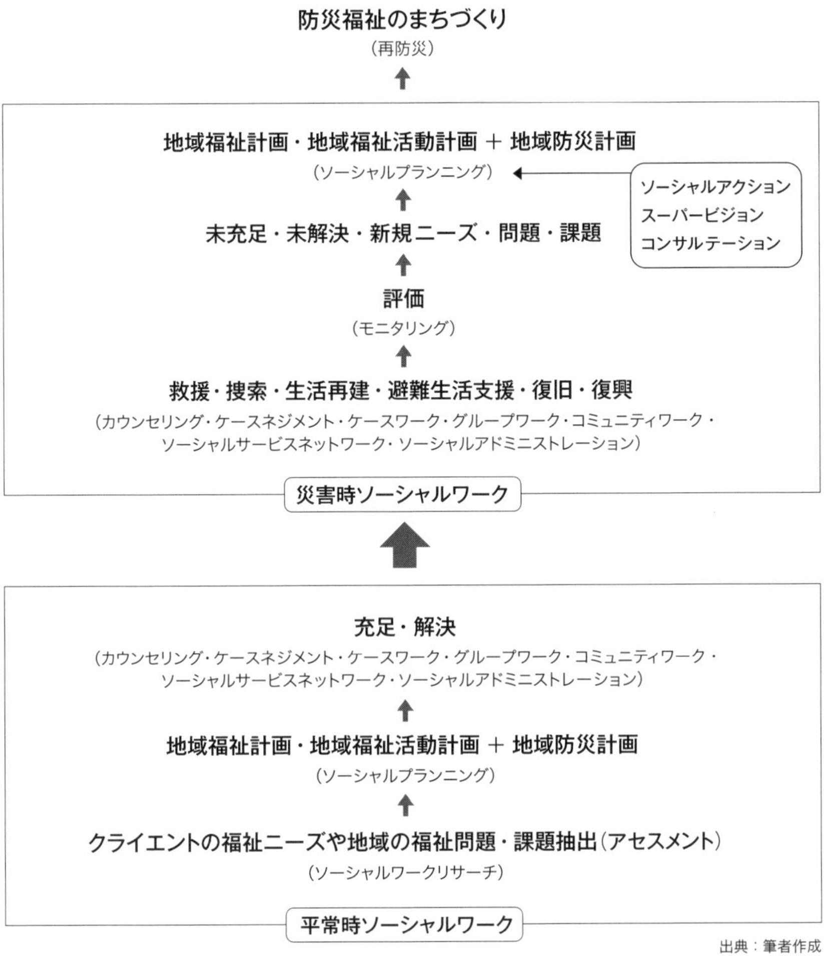

防災福祉のまちづくり
（再防災）
↑

地域福祉計画・地域福祉活動計画 ＋ 地域防災計画
（ソーシャルプランニング） ← ソーシャルアクション／スーパービジョン／コンサルテーション
↑
未充足・未解決・新規ニーズ・問題・課題
↑
評価
（モニタリング）
↑
救援・捜索・生活再建・避難生活支援・復旧・復興
（カウンセリング・ケースネジメント・ケースワーク・グループワーク・コミュニティワーク・ソーシャルサービスネットワーク・ソーシャルアドミニストレーション）

[災害時ソーシャルワーク]

⬆

充足・解決
（カウンセリング・ケースネジメント・ケースワーク・グループワーク・コミュニティワーク・ソーシャルサービスネットワーク・ソーシャルアドミニストレーション）

地域福祉計画・地域福祉活動計画 ＋ 地域防災計画
（ソーシャルプランニング）

クライエントの福祉ニーズや地域の福祉問題・課題抽出（アセスメント）
（ソーシャルワークリサーチ）

[平常時ソーシャルワーク]

出典：筆者作成

クが求められる。

　具体的には、平常時のソーシャルワークの場合、認定社会福祉士をはじめ、社会福祉士や介護福祉士、ホームヘルパー、精神保健福祉士、ケアマネジャー（介護支援専門員）、医療ソーシャルワーカー（MSW）、看護師、保健師などがソーシャルワーカーとなり、インテーク、アセスメント、プランニング、モニタリングの順でクライエントの自立支援、あるいは地域組織化を図る。

　これに対し、災害ソーシャルワークの場合、被災者の自助をはじめ、家族や住民、すなわち、消防団や水防団、町内会、自治会、自主防災組織の互助、および市町村や市町村社協をはじめ、消防署や警察署、自衛隊、日本赤十字社（日赤）などの職員の公助、さらには災害ボランティアやNPO、事業者など関係者の共助により、被災者の救援や捜索、補償・賠償、避難生活および生活再建、インフラの復旧・復興への支援を図るべきである。しかも、災害の種類や規模、程度、被災地の狭小、広域に応じ、的確、かつ迅速なソーシャルワークが求められる。

　したがって、自然災害、人為的災害を問わず、災害の発災から被災、「減災」、再発防止に至るまで、現行の対症療法的な災害対策を改め、災害を迎え撃つくらいの積極的な災害対策、すなわち、防災に重点的に取り組むべきである。

　具体的には、地域の特性、すなわち、地形や立地、地盤、過去の災害を抽出するとともにその結果を地域で共有し、住民参加にもとづく公私協働によって地域福祉計画や地域福祉活動計画、および地域防災計画を一体的、または連動して策定し、だれでも住み慣れた地域で生存権が保障され、住み慣れた地域でいつまでも健康で、かつ安全・安心な生活を確保すべく、防災福祉のまちづくりに取り組むことが必要である。その意味で、政府および自治体の公助による関連制度としての災害対策、すなわち、〈災害保障〉および〈災害福祉〉は社会保障の新たな概念としてきわめて重要である。

　このうち、〈災害保障〉は政府が主導になり、社会保障は厚生労働省、災害対策は内閣府や自治省、国土交通省、消防庁、警察庁などとなっている現行の"縦割り行政"を横割りに是正し、過去の災害を教訓に危険個所を抽出し、だれでも住み慣れた地域で生存権が保障され、いつまでも健康で、かつ安全・安心な生活の確保のため、高台など他地域への移転、交通インフラなど都

市計画の見直し、電気やガス、水道などライフラインの整備を図る。これに対し、自治体はそれぞれの地域特性、すなわち、地形や立地、地盤、過去の災害の規模や程度などに応じ、食料・飲料水や燃料、簡易トイレなどの備蓄の増強、住民の避難経路や避難場所、シェルター（退避壕）、他の自治体との災害時相互応援協定や受援計画の締結などを重点的に推進する。また、消防署や警察署、消防団、水防団、町内会、自治会、自主防災組織、地元自治体や自衛隊、日赤との連携により、被災者の救援や捜索、避難生活・生活再建に全力をあげるほか、生活費の補助や公租公課の延納・減免、年金の前払い、医療費の後払い・補助、雇用の確保に努める。

　一方、〈災害福祉〉は政府というよりもむしろ自治体が主導し、災害時要援護者・要配慮者である高齢者や障害者、乳幼児、妊婦、生活保護世帯、ホームレス、外国人など災害および社会的、経済的弱者の社会福祉施設や医療機関への入所・入院、一時避難、およびこれらの社会福祉施設や医療機関はもとより、公民館やコミュニティセンター（コミセン）、社協などに認定社会福祉士や社会福祉士、介護福祉士、ホームヘルパー、ケアマネジャー、医療ソーシャルワーカーはもとより、医師や看護師、保健師、薬剤師、救命救急士、社会保険労務士、弁護士、司法書士、行政書士などの専門職を配置し、各種福祉サービスやカウンセリング、治療、投薬、年金、医療、介護、子育て、産前産後、生活保護、住宅、雇用、成年後見[32]などの相談や手続きの代行、さらにはボランティアの連絡・調整などに当たる。

　問題は、被災後、1週間の短期、およびそれ以降の中長期的な災害対策にどのように取り組むべきかだが、そこはコミュニティソーシャルワークとしての真価が問われるところである。そのためには認定社会福祉士や社会福祉士、介護福祉士、ホームヘルパー、ケアマネジャー、医療ソーシャルワーカーなどがコミュニティソーシャルワーカーとして市町村や市町村社協など関係機関と長引く避難生活を送る被災者の間に立ち、被災者への寄り添い、また、ややもすれば遅れがちな被災地の復旧・復興にどのように対処していくか、さらにはジェネラリストソーシャルワーカーとしてその専門的な理論と技術をいかに発揮するかにかかってくる。

　ただし、このような対応も災害の種類や程度、被災者のニーズ、および被

災地が都市部、あるいは地方、また、被災地が狭小、もしくは広域によって異なるが、いずれにせよ、被災者や被災地のニーズを最優先し、阪神・淡路大震災（兵庫県南部地震）や東日本大震災における一部の県にみられるように政財官の癒着による中央の地方支配、あるいは行政の住民統制などトップダウンによる災害対策は厳禁である。

▶3 ── 災害ソーシャルワークの課題

　このような持続可能な災害ソーシャルワークを実体化するためにはどのような課題があるのだろうか。

　その第一は、平常時の地域福祉および地域防災に関し、地域福祉計画、地域福祉活動計画および地域防災計画を一体化、または連動して策定し、実践することである。

　具体的には、平常時、市町村の行政区、または小・中学校通学区域、民生委員・児童委員担当地区、町内会・自治会、地域包括支援センター[*33]ごとに地区社協を設置し、住民参加により、ふれあいのまちづくりや見守り、安否確認、ふれあい・いきいきサロン、ミニデイサービスなどの小地域福祉活動に取り組むべく、地区福祉計画、または地区福祉活動計画を策定し、実践することである。これに対し、市町村の行政区域、または小・中学校通学区域ごとに消防団・水防団・自主防災組織を設置し、住民参加により、高齢者や障害者、乳幼児、妊婦、生活保護世帯、ホームレス、外国人などの災害時要援護者・要配慮者台帳の作成や防災福祉コミュニティ、防災学習・防災訓練などの自主防災に取り組むべく、地区防災計画を策定して実践することである。もとより、これらの計画の策定により災害ソーシャルワークの実践場面である小地域を統合、または併設し、かつ各地にコミュニティソーシャルワーカーを配置すれば防災福祉のまちが実現することになる（**図表1-8**、**図表1-9**）。

　第二は、災害時、被災地の市町村や市町村社協の職員をはじめ、消防署や警察署、自衛隊、日本赤十字社（日赤）、地元の消防団や水防団、自主防災組織、ボランティア、NPO、事業者の関係者のいずれかが災害ソーシャルワーカーになることである。

　具体的には、上述した災害ソーシャルワークの展開過程を通じ、被災者の

図表1-8 災害ソーシャルワークの内容

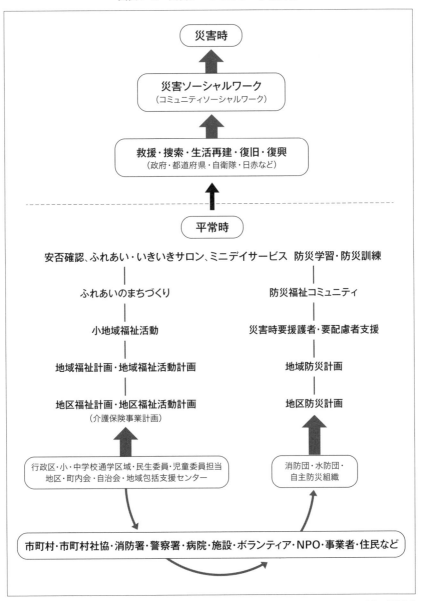

出典：筆者作成

図表1-9　防災福祉のまちのイメージ

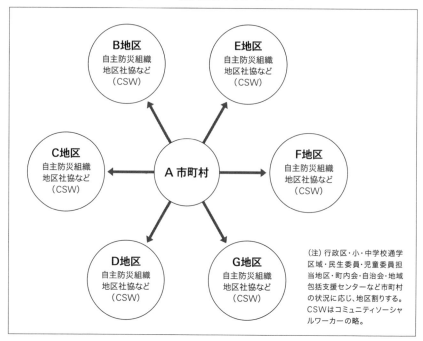

出典：筆者作成

救援や捜索、補償・賠償、避難生活および生活再建、さらにはインフラの復旧・復興への支援をマネジメントする。また、災害の種類や規模、程度、被災地に応じ、的確、かつ迅速な災害ソーシャルワークを行う。このため、認定社会福祉士や社会福祉士、介護福祉士、ホームヘルパー、ケアマネジャー、医療ソーシャルワーカーはもとより、医師や看護師、保健師、薬剤師、救命救急士、弁護士、司法書士、行政書士、社会保険労務士などいずれがベターか、その専門的な理論や技術、経験、実績、人格を考慮し、関係者の総意によりソーシャルワーカーを互選し、災害ソーシャルワーカーの実践を託すことである。

そして、第三は、公助・自助・互助・共助のベストミックスによる災害ソーシャルワークを実践することである。

具体的には、政府および自治体の公助をベースに、しかし、住民一人ひとりの自助、家族や住民の互助、さらにはボランティアやNPO、事業者の共助

により、被災者の救援や捜索、補償・賠償、避難生活および生活再建の支援、さらにはインフラの復旧・復興に取り組む一方、災害の原因の究明や関係者の責任の追及、被災者の補償・賠償を行い、再防災に全力をあげることである。

[3] 住民・ボランティア・NPO・事業者の役割

▶1 ── 住民の役割

このような防災福祉のまちづくりに取り組むためには、住民は地域の危険性を学習すべく、平常時、地域における防災学習や防災訓練に参加し、災害時に備えることが重要である。

具体的には、住民は少なくとも1週間分[*34]の食料・飲料水の備蓄や懐中電灯、充電式携帯ラジオ、簡易トイレなど防災用品の常備、預金通帳や被保険者証（保険証）などの非常用持ち出し袋、危険個所の確認など自助に努める。また、自宅の耐震化や高台への集団移転、高齢者や障害者、乳幼児、妊婦、生活保護世帯、ホームレス、外国人など災害および社会的、経済的弱者を対象とした災害時要援護者・要配慮者台帳を通じ、見守りや安否確認など互助に努める。このほか、避難経路の確認や防災学習、防災訓練に参加し、万一に備えるとともに、姉妹都市や災害時相互応援協定、受援計画を締結している自治体とボランティアの受け入れ態勢を確認し、「広域災害」に備えるべく共助の受け入れも考慮する。

そして、万一、災害に見舞われたら自分の命と安全を最優先して避難し、余裕があれば家族や知人、友人などを救済し、安全な場所に避難して救援を待つ。幸い、被災しなかった場合、姉妹都市や災害時相互応援協定、受援計画を締結している被災地に駆けつけ、災害ボランティアとして共助に努め、少しでも被害の規模を最小限に食い止めることが望まれる。東日本大震災に見舞われた岩手県釜石市では古来、たとえ家族でもまずは自分の命を第一に、てんでんバラバラに安全な場所に避難する「津波てんでんこ」に従い、市内の全小・中学生計約3,000人が教師の指示も受けず、近くの高台に避難し、大津波から逃れて生存率99.8％を誇り、「釜石の奇跡」として注目されたのはまだ記憶に新しい（**写真1-6**）。

▶2 ── ボランティア・NPO・事業者の役割

ところで、1995 (平成7) 年の阪神・淡路大震災を機に、1998 (平成10) 年、特定非営利活動促進法 (NPO法) が制定されたこともあって、災害時、ボランティアやNPO、事業者が食料・飲用水や毛布、医薬品などを被災地へ大量に送るようになった。また、日本赤十字社 (日赤) や被災地、メディアを通じ、義援金・支援金を送っていることも周知のとおりである。

このほか、被災地に駆けつけ、支援物資の仕分けや配給など災害ボランティア活動に関わるケースも増えているが、ややもすれば被災者の救援や生活再建、インフラ整備など復旧・復興は長期化せざるを得ない。このため、災害ボランティアやNPO、事業者も避難生活の長期化を視野に入れ、被災者の支援に取り組みたい。

とりわけ、社会福祉施設にあっては福祉避難所として機能すべく、健常な被災者が殺到するなどして混乱を招かないよう、平常時から自治体などと連携し、他の避難所とのすみ分けをしておく。また、医師や看護師、保健師、介護職員にあってはプロジェクトチームを編成するとともに、所属する上部団体と連携し、交替しながら持続可能な支援に努めたい。

なお、このような災害ボランティアに期待する市町村や市町村社協は平常時、鉄道や道路などインフラが寸断され、交通渋滞を招いたり、災害ボランティアを受け入れるべき職員の被災により、その受け入れや連絡・調整について混乱をきたさないよう、関係機関や団体と連携して十分訓練し、災害時、ボランティア活動がスムーズに行われるよう、市町村および市町村社協は地域福祉計画および地域福祉活動計画、地域防災計画のなかでシステム化を図っておきたい。

具体的には、被災前、

写真1-6 「釜石の奇跡」は常識だった
(岩手県釜石市の釜石小学校通学路にて)

病院や高齢者福祉施設や障害者支援施設、児童養護施設などの入院・入所者は基本的にはその病院や施設にとどまるが、入院や入所していた病院や施設などが倒壊したり、設備・機器・器具の破損、医師や看護師、保健師、介護スタッフの被災などによって機能がマヒしたりしたら近隣の病院や福祉避難所に転院・転所する。それも困難な場合、一般の住民とともに避難所に避難する。

　これに対し、デイサービスセンターや老人保健施設、地域包括支援センターにおけるデイサービスやデイケアなどの利用者は基本的にはこれまで利用していた施設ではなく、一般の住民とともに避難所に身を寄せ、福祉避難所に避難して受け入れ先を混乱させないようにする（**図表1-10**）。福祉避難所では通常の居室や食堂、共有スペースなどで避難者の身の安全を守るものの、災害情報や施設の立地、周辺の生活環境によっては臨機応変に近くの高台などに避難誘導を行う。そのためにも平常時より避難用のマニュアルを作成し、防災

図表1-10　避難者の避難先

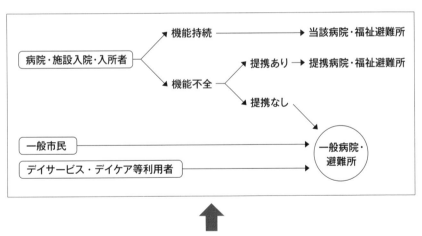

出典：筆者作成

図表1-11　避難所の運営

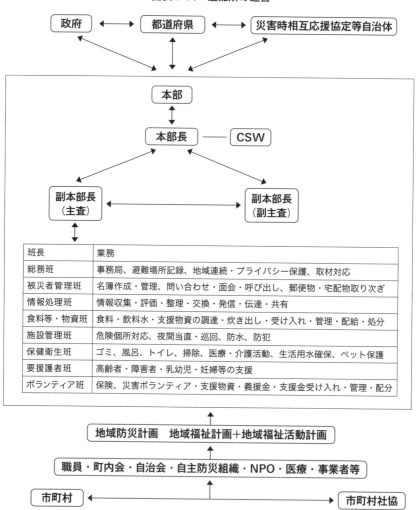

出典：静岡県「避難所運営マニュアル」2009年をもとに筆者加筆・修正

訓練をしておくことが求められる。

　とりわけ、夜間は職員も手薄になりがちなため、緊急事態の際、当直の職員は災害情報を的確、かつ迅速に収集し、携帯電話などで施設長や地元市町村と連絡を密にしてその指示をあおぐことが重要である。

▶3 ── 避難所運営の場合

　一方、一般の住民が避難する避難所の場合、市町村と市町村社協は一体的、または連動して策定する地域防災計画や地域福祉計画、地域福祉活動計画のなかで、災害時、市町村長、または市町村社協の会長を本部長、副市町村長、または市町村社協の副会長を副本部長とし、その下に総務、被災者管理、情報処理、食料等・物資、施設管理、保健衛生、高齢者や障害者、乳幼児、妊婦、生活保護世帯、ホームレス、外国人など要援護者・要配慮者等、ボランティアの各班からなるプロジェクトチームを立ち上げる（図表1-11）。

　その際、総務班は避難所全般に関わる事務局とし、避難所の各種記録や地域の関係機関や団体との連携、高齢者や障害者、乳幼児、妊婦、生活保護世帯、ホームレス、外国人など要援護者・要配慮者、さらには女性のプライバシーの保護、メディアの取材への対応に努めるほか、校庭や運動場にマイカーやキャンピングカーなどを駐車したり、テントを張ったりして避難生活を送っている被災者の相談にも乗り、そのつど、本部長および副本部長に状況や問題点を報告したり、その解決のための指示をあおぐ。

　また、被災者管理班は高齢者や障害者、乳幼児、妊婦、生活保護世帯、ホームレス、外国人など要援護者・要配慮者および一般住民の名簿の作成・管理をはじめ、家族や友人・知人など関係者からの問い合わせや面会、呼び出しに対応したり、郵便物や宅配物の取り次ぎを行ったりする。情報処理班は災害情報など各種情報を収集するとともにその情報の適正を評価、整理し、被災者をはじめ、関係機関や団体と交換したり、情報版などに適宜発信したりして伝達に努め、共有を図る。

　これに対し、食料等・物資班は食料や飲料水の調達や炊き出し、各地からの支援物資の受け入れや仕分け、配給、また、賞味期限が切れた物資の処分を行う。施設管理班は被災地における倒壊家屋やビル、ブロック塀、電柱、ガラスの破片、山・崖崩れ、地滑りなどの土砂災害、風水害などによる危険個所の対応や夜間当直による被災地の巡回を通じ、防火・防犯にあたる。

　このほか、保健衛生班は避難所から出たゴミの処理や被災者向けの風呂やトイレ、避難所の清掃、被災者の医療や介護、生活用水の確保、さらには愛玩動物（ペット）の保護に当たる。要援護者等班は高齢者や障害者、乳幼児、

写真1-7 避難所の運営に期待される市町村社協
（宮城県石巻市にて）

妊婦、生活保護世帯、ホームレス、外国人など要援護者・要配慮者の介助や各種相談、手続き等の代行に務める。ボランティア班はボランティア保険の加入や保険金の請求、災害ボランティアや支援物資、義援金、支援金の受け入れや管理、配分に当たるが、いずれにせよ、本部にはコミュニティソーシャルワーカーを配置し、これらのプロジェクトチームの運営の全体を統括させる（**写真1-7**）。

なお、大規模災害の場合、本部長は都道府県や政府、また、都道府県の指示や報告、意見具申をするほか、災害時相互応援協定や受援計画を結んでいる他の自治体と協議し、必要に応じて支援を要請する。

ちなみに、避難所のレイアウトは基本的には昼間、校門（正門）にテントを張って警備員を置き、セキュリティに努めるとともに、教室などへは学童の靴置き場がある通路から入り、1階から2階の教室に通ずる通路の両側に避難所の案内図や市町村の広報を中心とした掲示板を設置する。

校長室は本部として本部長、隣の教室は2人の副本部長、その他の教室は各班長とスタッフ、事務室は受付、講堂は避難所とするが、最寄りの福祉避難所に避難できなかった高齢者や障害者、乳幼児、妊婦、生活保護世帯、ホームレス、外国人など要援護者・要配慮者の避難を優先して受け入れる。

医務室は日赤の医師や看護師、救護班、自衛隊などの関係者とし、これらの背後の通路は避難情報や被災者の補償・賠償、生活再建、復旧・復興工事、災害ボランティアや支援物資の受け入れや仕分け、配給などの掲示、フリーダイヤルの電話やインターネット用のパソコン、充電器をセットした情報コーナーとする。

図表1-12 大規模小・中・高校の避難所（学校利活用）のレイアウト

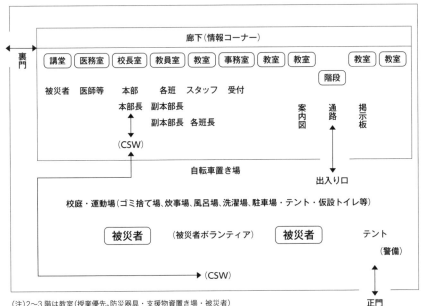

(注)2～3階は教室(授業優先。防災器具・支援物資置き場・被災者)
出典：静岡県「避難所運営マニュアル」2009年を参考に筆者作成

　一方、2階の教室は学童の授業を優先するが、授業がすぐに再開できる見込みがなかったり、避難所が1階の講堂だけでは足りない場合、一部を避難所として開放する。いずれにせよ、避難所では毛布や段ボール箱だけでなく、カーテンや衝立、テントなどを配給し、プライバシーの保護に努める。

　これに対し、校庭や運動場の中央に災害ボランティアセンターを設けてコミュニティソーシャルワーカー (CSW) を配置し、本部長付のコミュニティソーシャルワーカーと連携させる一方、駐車場やテントなどによる仮設避難所、男女別の仮設トイレを併設し、マイカーやキャンピングカーなどで寝泊まりしている被災者の便宜を図って避難生活を支援する (**図表1-12**)。

　なお、都市部の大規模な小学校や中学校、高校で講堂や体育館などのスペースに余裕がある場合、本部をその中央に設け、これを取り囲むように各班やスタッフを放射状に配置すれば本部全体の運営はもとより、災害ボラン

ティアセンターとの連携もより機動的になる。

　また、避難所での生活はあくまでも一時的なもので、いずれは自宅を改修したり、改築、あるいは子どもや親せき宅に身を寄せたり、仮設住宅や災害公営住宅に移ったり、新規の物件を購入したりして転居することになるが、基本的には町内会や自治会、自主防災組織単位にグルーピングが可能であれば被災前のコミュニティが持続可能となり、被災者の自助や互助も発揮されやすくなる。これに対し、このようなグルーピングが難しく、先着順に受け入れざるを得ない場合、被災前のコミュニティは崩壊したままで再生する必要があるため、広場や集会所などの空きスペースや仮店舗を利活用してイベントや茶話会、ミニコンサート、カラオケ教室などを定期的に開き、被災者同士が互いに声をかけ合い、励まし合って絆をつくることになるが、ここでもコミュニティソーシャルワーカーの真価が問われることになる（**写真1-8**）。

　一方、事業者も企業市民としての意識のもと、平常時はもとより、災害時においても従業員の安全・安心の確保のため、事業所内の避難場所としての整備や食料・飲料水、非常用電源の備蓄はもとより、周辺住民の避難場所としての開放、また、従業員の災害ボランティアとしての被災地への派遣、被災者への義援金・支援金の募集・送金、寄付などを通じ、共助としての社会貢献活動に努める。

　また、住民も災害時における事業者の活動への理解と協力への自覚、および消費者としてこのような災害時における社会貢献活動を見守りたい。その意味で、市町村および市町村社協は平常時より事業者に対し、地域福祉計画や地域福祉活動計画、地域防災計画への参加を通じ、災害時における協力関係を築いておくことが重要である。

　いずれにしても、このように災害時においても政府および自治体の公助をベースに

写真1-8　イベントを開催してコミュニティの再生（福島県浪江町の仮設店舗にて）

写真1-9 増えてきた災害ボランティア(仙台市・東日本大震災の災害ボランティア先にて)

しながらも、住民一人ひとりの自助、家族や住民の互助、災害ボランティアやNPO、事業者の共助からなるベストミックスにより、最小限度の被害で済むよう、防災福祉のまちづくりに取り組むことが必要である(**写真1-9**)。

3. 防災福祉とまちづくり

[1] 防災福祉の概念

ところで、防災というと、一般には災害を未然に防ぐことを意味すると受け取られがちだが、災害対策基本法第2条第2項によると、「災害を未然に防止し、災害が発生した場合における被害の拡大を防ぎ、及び災害の復旧を図ることをいう。」と定められている。

しかし、上述したように、防災から災害の発生、すなわち、発災、被災（「減災」）、再発防止、すなわち、再防災という時系列にとらえる筆者にいわせれば、平常時、食料・飲料水や簡易トイレなどの備蓄、避難場所や避難経路の説明、防災学習、防災訓練、発災では災害の原因や個所、規模の確認、災害対策本部の設置・災害対策の具体化、被災では被災者の救援や捜索、補償・賠償、生活再建・避難生活の支援、および被災地の復旧・復興までをトータルにとらえながらも、再発防止、すなわち、再防災のため、災害の原因の究明や責任の追及、被災者の補償・賠償、危険個所の修復、防潮堤のかさ上げ、高台移転、関係機関の修復・解体・閉鎖、保存、地域福祉計画や地域福祉活動計画、地域防災計画の見直し、防災教育の見直しを行うことが最も重要である。

したがって、日本は"災害列島"であり、火山大国で、かつ原発大国にもかかわらず、防災対策が不十分な制度・政策を棚上げし、さも災害は免れない宿命にあるため、被害を皆無にすることは不可能とでも言いたげな「減災」なる概念は承服しかねる。だれでも住み慣れた地域で生存権が保障され、いつまでも健康で、かつ安全・安心な生活の確保のため、社会保障に災害対策を関連制度として加え、防災福祉のまちづくりに取り組むよう、提言しているのはそのような意味合いからである（**図表 1-13**）。

次に、福祉の概念について、英語のwelfare（独：wohlfahrt　仏：bien-être）は通常、『さいわい』、『幸福』の同意義語とされているが、『社会福祉辞典』（誠信書房）によれば厳密にいうとまったく同じというわけではないとする。「福祉の『福』にはさいわいを地上にとどめるという意味がふくまれているため、主観的な幸福をさしているものといえるというよりは、むしろ日常生活上の状況をさしているものといえる。」としている。

図表 1-13　防災福祉の概念

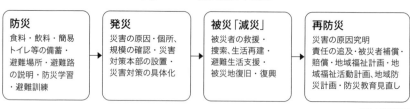

出典：筆者作成

これに対し、『広辞苑（第六版）』（岩波書店）は、福祉は「宗教的には『消極的には生命の危急からの救い、積極的には生命の繁栄』」を意味しているものとしている。『社会福祉辞典』は、『広辞苑』の定義を紹介しつつ、続けて福祉は「日常生活における生活要求の充足程度」（『ベルギー労働者家族の生活費』エンゲル、E）としている。平たくいえば、個人の幸福の追求ということができるが、社会福祉としてとらえた場合、一番ヶ瀬康子が定義づけているように、目的的概念および実体的概念としての幸福の追求のための暮らしの条件整備に向けた社会的努力である[*35]。

　したがって、このような福祉を向上するためには、国民一人ひとりの努力、すなわち、自助だけでなく、何よりも政府および自治体の公助をベースに、しかし、家族や住民の互助、ボランティアやNPO、事業者の共助からなるベストミックスが重要であることがわかる。

　そこで、この防災と福祉の概念を踏まえ、防災福祉の概念について整理すると、住民は平常時、個人的な幸福の追求およびその社会的実現のため、努力すべく、平常時から防災用品や住宅の耐震化、高台移転、地域福祉や地域防災に関わり、だれでも住み慣れた地域で生存権が保障され、いつまでも健康で、かつ安全・安心な生活の確保のため、自助に努めるとともに、家族や住民との互助、さらにはボランティアとして被災者の救援や補償・賠償、生活再建、被災地の復旧・復興のため、共助に関わる。また、政府および自治体は災害対策によって公助に努め、そのベストミックスからなる災害法制の整備・充実を図ることにある。

　具体的には、地域特性、すなわち、地形や立地、地盤、過去の災害の有無の検証とこれを踏まえた危険箇所の抽出、住民参加にもとづく公私協働により災害法制の整備・拡充、防災教育、防災訓練、および災害時における被災者の救援や捜索、補償・賠償、生活再建、避難生活の支援、さらには被災地の復旧・復興に努める。また、災害時における災害ボランティアやNPO、事業者の受け入れや他の自治体との災害時相互応援協定や受援計画の締結を通じ、共助にも努め、防災福祉のまちづくりに取り組み、国そのものが防災福祉大国となるよう、めざすことである。

[2] 防災福祉とコミュニティ

　ここで、防災福祉のまちづくりの取り組みにあたり、防災福祉とコミュニティとの関係を触れておきたい。

　コミュニティとは、アメリカの社会学者、マッキーバーが1917年、一帯の地域で行われる共同生活の場として初めて定義したもので、社会的類似性、社会的・共同的観念、習慣、伝統、共属的な感情などをその構成要件としてあげ、国家と対立する概念としている[*36]。これに対し、奥田道大は地域社会の発展について、住民の共同体意識の高い地域共同体から個人的な利益を追求し、共同体の意識が希薄化した伝統的アノミー、さまざまな生活要求のため、住民運動や市民活動が活発化する個我、さらに、地域における共通する問題をともに解決を図るコミュニティの四つのモデルを体系化し、最終的にはコミュニティモデルへと発展されるべきであることを提言した[*37]。

　一方、前出・岡村はかつての地域共同体は一般コミュニティにすぎないため、市民社会が進展した今日、経済的安定、職業的安定、医療の機会、家族的安定、教育の機会、社会的協同、文化・娯楽の機会の七つの条件が整備された福祉コミュニティへと止揚すべきであると提言した[*38]。

　周知のように、日本は戦後、戦災復興から高度経済成長へと向かい、かつての農業（農村）社会から工業（都市）社会へと発展し、国民生活や医療水準が向上した。これに伴い、平均寿命は年々伸長し、人生80年時代の到来を告げた。もっとも、それまでの産業優先による経済政策や地域開発に伴い、大気汚染や自然破壊などの公害の発生、物価の高騰など生活環境が次第に深刻化し、各地で住民運動や市民運動が広がった。

　このようななか、東京都社会福祉審議会は1969（昭和44）年、「東京都におけるコミュニティ・ケアの推進について」を答申し、中央社会福祉審議会は1971（昭和46）年、「コミュニティ形成と社会福祉」と題して答申するなど、自治体もコミュニティのあり方について関心を寄せるようになった。

　国民生活審議会も1969（昭和44）年にコミュニティを「生活の場における人間性の回復」として位置づけると答申し、政府は地方自治法第2条第4項にもとづき、市町村に義務づけた「基本構想」[*39]の一環として在宅福祉の強

化を提唱し、1973（昭和48）年を「福祉元年」と位置づけた。もっとも、この年の秋の石油危機を機に、政府の「福祉元年」に対する意気込みもトーンダウンせざるを得なくなった。

一方、全社協は1979（昭和54）年、『在宅福祉サービスの戦略』、1983（昭和58）年、「市町村社会福祉協議会強化計画」を発表したほか、1984（昭和59）年、『地域福祉計画論』を刊行し、社協を中心とした地域福祉の計画的な推進の必要性を提示した。また、1981（昭和56）年、「国際障害者年」を機に、ノーマライゼーションの理念が地域福祉の理念として評価され、かつコミュニティケアはインテグレーション（統合化）を実践することになった。

このような折、福祉関係三審議会合同企画分科会は1989（平成元）年、「今後の社会福祉のあり方について」と題する意見具申のなかで、今後、国主導から地方主導へと社会福祉の実施主体を移行するとともに、施設福祉から在宅福祉へと転換していく必要があるむね提言した。政府はこれを踏まえ、1989（平成元）年に導入した消費税の使途に関連し、「高齢者保健福祉推進十か年戦略（ゴールドプラン）」を発表するとともに、翌1990（平成2）年、老人福祉法等社会福祉八法を改正し、施設福祉から在宅福祉への重点的移行、47都道府県および約3,200のすべての市町村に対し、老人保健福祉計画（現老人福祉計画等）の策定を義務づけた。

また、全社協も1992（平成4）年、「社会福祉協議会基本要項」を「新・社会福祉協議会基本要項」に改め、市町村社協を事業型社協として位置づけ、住民参加にもとづく公私協働により地域福祉を計画的に推進することになった。

いずれにしても、21世紀の本格的な少子高齢社会および人口減少を前に、だれでも住み慣れた地域で生存権が保障され、健康で、かつ安全・安心な生活が確保されるためには、社会的類似性、社会的・共同的観念、習慣、伝統、共属的な感情からなる構成要件のもと、コミュニティモデルおよび福祉コミュニティ、さらには防災福祉のまちづくりに取り組む必要がある。

[3] 防災福祉のまちづくり

この防災福祉のまちづくりに取り組むにあたり、上述したコミュニティとの関

係を整理しておきたい。

　コミュニティは地域社会といい、国家と対峙(たいじ)する概念である。これに対し、まちづくりとはその地域社会を住民のニーズに応じ、持続可能なコミュニティに止揚することである。

　具体的には、高度資本主義体制で、かつ少子高齢社会および人口減少のもと、だれでも住み慣れた地域で生存権が保障され、いつまでも健康で、かつ安全・安心な生活が確保されるべく、社会的類似性、社会的・共同的観念、習慣、伝統、共属的な感情からなる構成要件のもと、コミュニティモデルおよび福祉コミュニティ、さらには防災福祉コミュニティの形成へと取り組む必要がある。その実践が実は防災福祉のまちづくりである。

　したがって、住民は個人的な幸福の追求およびその社会的実現のため、努力すべく、平常時から防災用品や住宅の耐震化、高台移転、地域福祉や地域防災に関わり、だれでも住み慣れた地域で生存権が保障され、いつまでも健康で、かつ安全・安心な生活が確保されるべく、自助に努めるとともに、家族や住民との互助、さらには災害ボランティアとして被災者の救援や生活再建、被災地の復旧・復興のため、共助に関わる。また、政府および自治体は災害対策における公助に努め、そのベストミックスからなる災害対策のため、必要な法制の整備・充実を図り、実体化する必要がある。

　具体的には、各自治体の地域特性、すなわち、地形や立地、地盤、過去の災害の有無の検証とこれを踏まえた危険箇所の抽出、災害法制の整備・拡充、防災教育、防災訓練、および災害時における被災者の救援や捜索、補償・賠償、生活再建、避難生活の支援、さらには被災地の復旧・復興に努める。また、災害時における災害ボランティアやNPO、事業者の受け入れや他の自治体との災害時相互応援協定や受援計画の締結を通じ、その共助を通じ、防災福祉のまちづくりに取り組み、国そのものが防災福祉大国となるよう、めざすことである。

　また、そのためには上述した市町村および市町村社協の地域福祉計画および地域福祉活動計画と市町村の地域防災計画との一体化、または連動により、市町村の行政区、または小・中学校通学区域、民生委員・児童委員担当地区、町内会・自治会、自主防災組織、地域包括支援センターごとに小地域

で取り組むことがポイントとなる。すなわち、これらの計画の策定にあたっては21世紀の本格的な少子高齢社会および人口減少に向け、地域特性、すなわち、地形や立地、地盤、過去の災害の有無の検証や住民の福祉ニーズの多様化、高度化、複雑化、個別化に応じた地域福祉、および地震や津波、土砂災

写真1-10 防災福祉のまちづくりで期待される住民パワー
（神奈川県茅ケ崎市内にて）

害、火山災害、風水害、さらには原子力災害などあらゆる災害に対する防災を前面に押し出した地域防災をキーワードに、「Plan-Do-See（Check）理論」にもとづき、すべての災害に対する防災を前面に押し出し、だれでも住み慣れた地域で生存権が保障され、いつまでも健康で、かつ安全・安心な生活が確保されるべく、住民参加にもとづく公私協働により、公助、自助、互助、共助からなる防災福祉のまちづくりに取り組むことが必要である。

　もとより、これらの計画は何も策定することが目的ではなく、あくまでも手段にすぎない。しかも、その前提としてのソーシャルプランニングやコミュニティワーク、さらにはソーシャルアドミニストレーション、そして、何よりもこれらを主体的に推進すべく、住民自治・主権にもとづく住民運動や市民活動というソーシャルアクションによって実践し、防災福祉のまちづくりとして実体化されなければならない。その意味で、地域福祉および地域防災を融合した災害コミュニティソーシャルワークが必要である（**写真1-10**）。

注

* 1 日本国憲法第25条第1項「すべて国民は、健康で文化的な最低限度の生活を営む権利を有する。」
* 2 法的には地方公共団体を意味するが、本書では地方自治法に着目し、都道府県および市町村(特別区の東京23区を含む)を併せ、一般的な呼称である自治体と表現する。
* 3 同条第2項「国は、すべての生活部面について、社会福祉、社会保障及び公衆衛生の向上及び増進に努めなければならない」。この場合の国には自治体も含まれると解されている。
* 4 第一次世界大戦によって崩壊した帝政ドイツに代わり、誕生したワイマール共和国が1919年制定したドイツ国憲法。自由権が支配的だった近代憲法に対し、国民の社会権や基本的人権の尊重などの社会権を重視した現代憲法に変え、その後の各国の憲法の規範となった。
* 5 「揺り籠から墓場まで」のスローガンのもと、均一の社会保険料の拠出を原則とし、かつすべての国民のナショナルミニマムの権利とする生存権を保障すべく社会保障を制度化し、伝統的な救貧法を権利としての社会保障に転換させた。
* 6 「世界人権宣言」前文の骨子「社会の各個人及び各機関が、この世界人権宣言を常に念頭に置きながら、加盟国自身の人民の間にも、また、加盟国の管轄下にある地域の人民の間にも、これらの権利と自由との尊重を指導及び教育によって促進すること並びにそれらの普遍的かつ効果的な承認と遵守とを国内的及び国際的な漸進的措置によって確保することに努力するように、すべての人民とすべての国とが達成すべき共通の基準として、この世界人権宣言を公布する」(日本政府仮訳文)。
* 7 公務員や団体職員、教職員を対象とした共済組合および年金の前身。
* 8 国民所得に対する租税と社会保険料の割合である国民負担率に財政赤字分を加えた割合。
* 9 財務省HP「国民負担率の国際比較」。
* 10 社会保障関係審議会が1996(平成8)年にまとめた中間報告にもとづき、社会保障に対する国民の不安を解消し、成熟した社会・経済にふさわしい制度とするため、従来の社会保障の枠ぐみを構造的に改革するとの名のもと、年金、医療、介護、子育てに関わる費用を抑制し、民営化を図ることにより、2050～2060(平成62～72)年の本格的な少子高齢社会および人口減少に耐えうる制度にする改革。
* 11 内閣府経済社会総合研究所HP「GDPの国際比較」2016年。
* 12 世界ランキング国際統計格付センターHP、2016年。
* 13 市町村合併は明治、昭和、そして、平成と明治維新以来、三度も断行されており、幕末に約1万7,000あった自然村(藩政村)は2016(平成28)年現在、約1,700も縮減されている。くわしくは拙編著『市町村合併と地域福祉』ミネルヴァ書房、2007年。
* 14 国土形成計画法にもとづき、国土の自然的条件を考慮して日本の経済、社会、文化などに関する国土の利用や整備、保全を推進する総合的、かつ基本的な計画。
* 15 災害対策基本法にもとづき、各自治体が当該の防災会議に諮(はか)り、防災に必要な業務などを策定する計画。
* 16 正式には特定非営利活動法人
* 17 三浦文夫『社会福祉政策研究(増補改訂)』全国社会福祉協議会、1995年。
* 18 1954～1981(昭和29～56)年以来、政府が全国的に実施している生活保護費の抑制策。
* 19 集落の住民の高齢化率が50%を超えると日常生活における自助や互助など共同体の機能が弱まり、廃村のおそれが出てくる現象。くわしくは拙著『脱・限界集落はスイスに学べ』農文協、2016年。
* 20 岡村重夫『社会福祉原論』全国社会福祉協議会、1983年。
* 21 人間の基本的欲求について最低層より順次、生理的、安全、社会的、尊敬的欲求、自己実現があるとした考え方。欲求五段階説ともいう。Maslow, "*A Theory of Human Motivation*", psychological review, 1943.
* 22 社会福祉法第4条「地域住民、社会福祉を目的とする事業を経営する者及び社会福祉に関する活動を行う者は、相互に協力し、福祉サービスを必要とする地域住民が地域社会を構成する一員として日常生活を営み、社会、経済、文化その他あらゆる分野の活動に参加する機会が与えられるように、地域福祉

の推進に努めなければならない。」
* 23 日本国憲法第89条「公金その他の公の財産は、宗教上の組織若しくは団体の使用、便益若しくは維持のため、又は公の支配に属しない慈善、教育若しくは博愛の事業に対し、これを支出し、又はその利用に供してはならない。」
* 24 地方自治法第2条第4項「市町村は、前項の規定にかかわらず、次項に規定する事務のうち、その規模又は性質において一般の市町村が処理することが適当でないと認められるものについては、当該市町村の規模及び能力に応じて、これを処理することができる。」
* 25 社会福祉法第6条「国及び地方公共団体は、社会福祉を目的とする事業を経営する者と協力して、社会福祉を目的とする事業の広範かつ計画的な実施が図られるよう、福祉サービスを提供する体制の確保に関する施策、福祉サービスの適切な利用の推進に関する施策その他の必要な各般の措置を講じなければならない。」
* 26 日本国憲法第92条「地方公共団体の組織及び運営に関する事項は、地方自治の本旨に基づいて、法律でこれを定める。」
* 27 市民とは、ややもすれば行政への陳情や要求に特徴づけられる従来の住民の概念から、住民自治により自立と連帯のもと、自助や互助に努める一方、行政と協働し、市民文化としての地域活動に関わる主権者を意味する。くわしくは川村著『地域福祉とソーシャルガバナンス』中央法規出版、2007年。
* 28 災害対策基本法第40条第1項「都道府県防災会議は、防災基本計画に基づき、当該都道府県の地域に係る都道府県地域防災計画を作成し、及び毎年都道府県地域防災計画に検討を加え、必要があると認めるときは、これを修正しなければならない。この場合において、当該都道府県地域防災計画は、防災業務計画に抵触するものであつてはならない。同法第42条第1項「市町村防災会議(市町村防災会議を設置しない市町村にあつては、当該市町村の市町村長。以下この条において同じ。)は、防災基本計画に基づき、当該市町村の地域に係る市町村地域防災計画を作成し、及び毎年市町村地域防災計画に検討を加え、必要があると認めるときは、これを修正しなければならない。この場合において、当該市町村地域防災計画は、防災業務計画又は当該市町村を包括する都道府県の都道府県地域防災計画に抵触するものであつてはならない。」
* 29 ケースワークをソーシャルケースワーク、グループワークをソーシャルグループワーク、コミュニティワークをソーシャルコミュニティワークとも呼称するが、本書では一般的な用語として略記する。
* 30 指定施設で相談援助の実務経験が5年以上で、かつ別途所定の研修を修了している社会福祉士。
* 31 クライエントの気持ちに寄り添う受容や自由な感情の表出、ソーシャルワーカーと共感すべき統制された情緒関与、その価値基準や社会的な価値基準に照らし、一方的に審判しない非審判的態度、個別的な対応、自己決定、秘密保持。
* 32 本人が事理を弁識する能力(判断能力)が正常なうちに財産管理、身上監護を法定後見人に依頼する任意後見、および認知症や知的障害、精神障害などで事理を弁識する能力が減退してから法定後見人に依頼する法定後見の二つがある。いずれも事前にそのむね家庭裁判所に申し立て、家裁によって選定された司法書士、行政書士、社会福祉士などが法定後見人となるが、あらかじめ家庭裁判所により、選任されていることが必要である。
なお、成年後見に関する一定の知識と技術を有し、地方自治体や社会福祉協議会より選出されたボランティアの市民後見人が配備された市町村もある。
* 33 老人保健福祉計画(現老人福祉計画等)の策定時、すべての市町村が中学校通学区域に1か所ずつ設置が義務づけられた在宅(老人)介護支援センターを再編した地域包括ケアシステムの拠点施設。
* 34 政府は最低3日分としているため、ほとんどの市町村は3日分としているものの、できれば1週間分としたい。なお、後述するように、防災先進国のスイスは連邦政府により1か月分としている。
* 35 一番ヶ瀬康子・真田是編『社会福祉論(新版)』有斐閣、1975年。
* 36 見田宗介・栗原彬・田中義久編『社会学事典』弘文堂、1991年、p.318.
* 37 奥田道大『都市コミュニティの理論』東京大学出版会、1983年、pp.17-32.
* 38 ＊20と同『社会福祉原論』。

*39 「市町村はその事務を処理するに当たつては、議会の議決を経てその地域における総合的かつ計画的な行政の運営を図るための基本構想を定め、これに即して行なうようにしなければならない。」ただし、2011(平成23)年、地方自治法の一部改正により削除。

第 2 章

災害対策の現状

1. 災害法制

[1] 主な災害法制

　日本は世界でもまれにみる"災害列島"であるとともに、火山大国であり、かつ原発大国だが、このような自然災害や人為的災害から国土の保全や国民の生命、財産を守るため、どのような災害法制により、政府および自治体は災害対策を講ずることになっているのか、地震や津波、土砂災害、風水害、火山災害、原子力災害を中心にみてみよう。

　災害法制は1961（昭和36）年に制定された災害対策基本法を基本法とし、その後、地震防災対策特別措置法をはじめ、地震対策特別措置法や「地震防災対策強化地域における地震対策緊急整備事業に係る国の財政上の特別措置に関する法律（地震財特法）」、活動火山対策特別措置法などが制定され、現在に至っていることがわかる。

　実は、この災害対策基本法は1959（昭和34）年、愛知、岐阜、三重三県の東海地方を中心に襲った伊勢湾台風により、死者・行方不明者計約5,000人という未曾有の災害となったため、二度とこのような災害を受けないよう、その2年後の1961（昭和36）年に制定されたものである。以来、早60年近くの歳月が流れている。

　災害の予防対策として国土総合開発法をはじめ、建築基準法や都市計画法、都市再開発法、土地区画整理法、宅地造成等規制法、砂防法、急傾斜地法、地すべり等防止法、土砂災害防止法、特殊土壌地帯災害防除及び振興臨時措置法、森林法、道路法、漁港法、河川法、豪雪地帯対策特別措置法、特殊土壌地帯災害防除及び振興臨時措置法などが制定されている。

　一方、万一の発災による被災者に対する応急対策として、災害救助法をはじめ、消防法や激甚災害法、被災者生活再建支援法、災害減免法、災害弔慰金支給法などが制定されている。また、その生活再建や被災地のライフラインの復旧、財政金融措置などとして「激甚災害に対処するための特別の財政

援助等に関する法律」をはじめ、公共土木施設災害復旧事業費国費負担法や「農林水産業施設災害復旧事業費国庫補助の暫定措置に関する法律」、「防災のための集団移転促進事業に係る国の財政上の特別措置等に関する法律（防災集団移転促進法）」、「災害弔慰金の支給等に関する法律（災害弔意金支給法）」、「特定非常災害の被害者の権利利益の保全等を図るための特別措置に関する法律」、および原子力災害対策特別措置法などがそれぞれ制定されている。

　このほか、特定の甚大な災害の復旧・復興対策として、阪神・淡路大震災（兵庫県南部地震）に対する「阪神・淡路大震災復興の基本方針及び組織に関する法律」をはじめ、「阪神・淡路大震災に対処するための特別の財政援助及び助成に関する法律」、東南海・南海地震特措法、日本海溝・千島海溝地震特措法が制定されている。

　また、東日本大震災および東京電力福島原発事故に対する東日本大震災復興基本法、「東日本大震災に対処するための特別の財政援助及び助成に関する法律」、「東日本大震災の被災者等に係る国税関係法律の臨時特例に関する法律」、「東日本大震災に伴う相続の承認又は放棄をすべき期間に係る民法の特例に関する法律」、「東日本大震災による被害を受けた公共土木施設の災害復旧事業等に係る工事の国等による代行に関する法律」、「東日本大震災により甚大な被害を受けた市街地における建築制限の特例に関する法律」、「津波防災地域づくりに関する法律」、「東日本大震災に伴う地上デジタル放送に係る電波法の特例に関する法律」、「東日本大震災の被災者に係る一般旅券の発給の特例に関する法律」、さらに「平成二十三年原子力事故による被害に係る緊急措置に関する法律」、放射性物質汚染対処特措法、復興庁設置法、原子力損害賠償支援機構法などがそれぞれ制定されている。

　政府および自治体はこれらの法律にもとづき、関係機関や団体の協力を得て災害の予防や被災者の救援、捜索、生活再建などの応急および被災地の復旧、財政金融措置等を通じ、復興に努めることになっている（**図表2-1**）。

[2] 災害関連の法制

　これらの法制に関連するものとして、建築基準法は前身が市街地建築物法で、災害対策基本法の制定に先立つ1919（大正7）年に制定、翌1920（大正8）年に施行された。だが地震対策が盛り込まれていなかったため、1923（大正12）年に発生した関東大震災（大正関東地震）を受け、戦後の1950（昭和25）年に廃止され、建築基準法が制定・施行された。建築物に対する耐震基準は同法施行令に規定され、許容応力度設計における地震力が水平震度0.2に引き上げられた。

　その後、1968（昭和43）年の十勝沖地震を教訓に、1971（昭和46）年、同法施行令が改正され、鉄筋コンクリート（RC）造りによる耐震基準が強化された。これが「旧耐震」である。もっとも、1981（昭和56）年、同法施行令が再び改正され、一次設計と二次設計の概念が導入され、「新耐震」に改められた。

　さらに、2000（平成12）年、同法および同法施行令がそれぞれ改正、性能規定の概念が導入された。そして、大規模な災害時、内閣総理大臣の直属の

図表2-1　主な災害法制

地震・台風・火山噴火・原子力災害対策	予防対策	応急・災害復旧および財政金融措置
・地震財特法 ・大規模地震対策特別措置法 ・地震防災対策特別措置法 ・台風常襲地帯における災害の防除に関する特別措置法 ・活動火山対策特別措置法 ・原子力災害対策特別措置法	・国土総合開発法 ・建築基準法 ・森林法 ・道路法 ・漁港法 ・河川法 ・工業用水法 ・豪雪地帯対策特別措置法	・災害救助法 ・激甚災害法 ・被災者生活再建支援法 ・激甚災害に対処するための特別の財政援助等に関する法律 ・公共土木施設災害復旧事業費国庫負担法 ・農林水産業施設災害復旧事業費国庫補助の暫定措置に関する法律 ・特殊土壌地帯災害防除及び振興臨時措置法 ・防災のための集団移転促進事業に係る国の財政上の特別措置に関する法律 ・災害弔慰金の支給等に関する法律 ・特定非常災害の被害者の権利利益の保全等を図るための特別措置に関する法律
災害対策基本法		

出典：内閣府HP、2016年などを参考に筆者作成

写真2-1 災害法制の原点は伊勢湾台風にあるのだが……（三重県桑名市の伊勢湾台風記念館にて）

内閣官房長官および内閣官房副長官の下に官邸危機管理センターおよび政府対策本部を設け、警察庁や国土交通省、自衛隊、海上保安庁、気象庁、電力会社などと連携し、緊急事態に対応することになった。

　具体的には、災害救助法は政府の責任のもと、都道府県知事が当該の市町村の人口に応じた一定数以上の住家の滅失があったり、多数の被災者、または被災のおそれのある住民で、かつ一定の基準に該当する場合、収容施設（応急仮設住宅を含む）の供与や炊き出しなどによる食料・飲料水の供給、衣類や寝具などの生活必需品の給与・貸与、医療や助産、被災者の救援や捜索、被災した住宅の応急修理、生業に必要な資金、器具や資料の給与・貸与、学用品の給与、死亡者の埋葬、遺体の捜索・処理、災害により住宅やその周辺に運ばれた土石、竹木など、日常生活に著しい支障を及ぼしている物の除去などに努めることになった。

　一方、被災者生活再建支援法は、阪神・淡路大震災における住宅の新築や補修に対する公的支援の不十分さに対する被災者や多くの国民の批判を受け、所得制限を設けず、住宅の全壊や半壊、または住宅の敷地に被害が生じたため、やむを得ず解体したり、災害による危険な状態が継続し、かつ住

宅に居住不能な状態が長期間継続、もしくは半壊し、大規模な補修を行わなければ居住が困難な場合、最高100万円、および被災した家屋の瓦礫(がれき)の撤去費用や住宅ローンの利子などとして最高200万円を支給されることになっている(**写真2-1**)。

2. 行政・指定機関・民間組織

[1] 行政

　災害対策を講ずる行政機関は、上述した災害法制にもとづき、災害対策基本法については内閣府、防災担当大臣、中央防災会議が所管し、防災基本計画などの防災に関する政府の方針を策定し、大規模災害に対処する。
　そのうえで、消防組織法をはじめ、水防法や警察法、国土交通省設置法、防衛省設置法、自衛隊法、海上保安庁法、気象業務法を制定し、消防庁や消防本部、消防団、水防団、警察庁、警察本部、国土交通省、防衛省・自衛隊、海上保安庁、気象庁が設置され、災害時における警防や救急、救助および建築物等への防災指導・査察などの災害予防活動、および水害時における防御、治水施設における水害予防活動、災害時における警備、捜索、治安維持、さらには捜索、治安維持、道路、鉄道、橋梁(きょうりょう)、港湾、ダム、堤防、空港などの社会資本の管理復旧、救助・復旧支援を目的とした災害派遣など水難・海難時における救助、災害時における航行支援、防災基本計画などの防災に関する政府の方針の策定、大規模災害への対処、天気予報、気象災害・土砂災害の警報、火山・地震の監視に努めることになっている。
　なお、東日本大震災および東京電力福島原発事故に対応するため、民主党政権は2011(平成23)年6月、東日本大震災復興基本法、および同年12月、復興庁設置法を制定し、内閣のもと、復興庁を中心にその復興に努めることになった。また、「暴風、竜巻、豪雨、豪雪、洪水、高潮、崖崩れ、土石流、

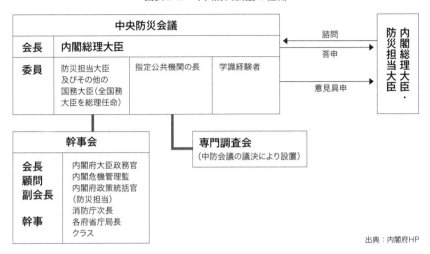

図表2-2　中央防災会議の組織

出典：内閣府HP

　地震、津波、噴火、地滑りその他の異常な自然現象又は大規模な火事若しくは爆発その他その及ぼす被害の程度においてこれらに類する政令で定める原因により生ずる災害」の場合、災害対策基本法にもとづき、内閣府に防災担当大臣とその諮問機関である中央防災会議を設置し、防災基本計画など防災に関する政府方針が策定されたほか、これにもとづき、自治体に対して地域防災計画の策定を義務づけ、さまざまな大規模災害に対する救援や復旧・復興に努めることになっている。

　具体的には、内閣府に内閣総理大臣を会長とする中央防災会議を設置し、その委員として防災担当大臣や同大臣以外のすべての閣僚、指定公共機関の長、学識経験者の計20数名によって構成されるほか、中央防災会議の議決によって専門調査会を設置し、内閣総理大臣および防災担当大臣の諮問に対する答申、あるいはこれに準ずる意見具申を適宜に行う。そして、内閣府大臣政務官が会長、内閣府政策統括監（防災担当）および総務省消防庁次長が副会長、各府省庁の局長クラスが幹事による幹事会を設置し、防災基本計画や地震防災計画の作成およびその実施の推進をはじめ、非常災害の際の緊急措置に関する計画の作成やその実施の推進、内閣総理大臣および防災担当大臣の諮問に応じ、防災に関する重要事項の審議、すなわち、防災の基本

方針、防災に関する施策の総合調整、災害緊急事態の布告、防災に関する重要事項に関し、内閣総理大臣や防災担当大臣に意見具申することになっている（**図表2-2**）。

そのうえで、災害対策基本法にもとづき、指定行政機関は防災基本計画を作成する。すなわち、宮内庁ならびに指定行政機関の各地方支分部局や指定公共機関（国立研究開発法人全て、日本銀行、日本赤十字社、日本放送協会（NHK）、その他関係機関および電気やガス・石油、輸送、通信、日本医師会）など公益的事業を営む法人は防災業務計画、地方公共団体は地域防災計画をそれぞれ策定することになっている（**写真2-2**）。

なお、災害に伴って火災が発生した場合、消防組織法にもとづき、総務省消防庁をはじめ、各都道府県に消防本部および地域に設置された消防団、災害時における警防や救急、救助、さらに民家や商店などの建築物などの防災に関する指導や査察など災害予防活動を行う。これに対し、水害の場合、水防法にもとづき、各地域に設置された水防団が水害時、防御や治水施設に対する水害予防活動を行う。

また、犯罪が発生した場合、警察法にもとづき、政府に警察庁、東京都に警視庁、各道府県に警察本部、地域に警察署が設置されており、これらの連携のもとで災害時における警備や捜索、治安維持に努めることになっている。

［2］指定機関

いうまでもなく、災害対策はこのような災害法制をはじめ、これにもとづく政府および自治体などの行政だけでは万全ではない。このため、政府は各都道府県や市町村はもとより、自衛隊やNPO、事業者、住民など指定機関や民間組織に対し、関連法規を制定し、災害対策上の指導・監督や協力を要請している。

具体的には、指定機関ではまず都道府県知事および市町村長に対し、建築確認や条例による都市計画上、あるいは建築上の規制や防災施設の設置・管理、災害発生時の状況の把握・救援・災害の復旧、防災情報の発表・周知、災害時の救助・救援活動の補助、自衛隊に災害派遣、日赤に救護班派遣を求

めるほか、被害が甚大な災害における政府の費用負担の拡大など、政府への費用負担の要請などについて行う。このため、各都道府県では都道府県知事を会長とする都道府県防災会議、市町村では市町村長を会長とする市町村防災会議をそれぞれ設置し、当該地域において災害が発生、またはそ

写真2-2 災害時に災害対策本部が置かれる自治体
(神戸市内の神戸防災合同庁舎にて)

のおそれがあり、かつ防災の推進を図るうえで必要があると認める場合、都道府県知事、または市町村長は都道府県地域防災計画、または市町村地域防災計画にもとづいて災害対策本部を設置し、必要な措置を講ずる。

また、都市計画法をはじめ、都市再開発法や土地区画整理法、宅地造成等規制法、砂防法、急傾斜地法、地すべり等防止法、土砂災害防止法、森林法、大震法、東南海・南海地震特措法、日本海溝・千島海溝地震特措法、消防法、原子力災害対策特別措置法を制定し、建築物の耐震基準(構造耐力)や地盤強度(地耐力)基準、消防用設備設置基準、防火性能の設定をはじめ、都市計画上の建築の制限や建築物、土木構造物、土地利用の際の都市計画、再開発事業および土地区画整理事業における防災用途地域の設定、防災機能の強化、土砂災害防止施設の設置基準や危険区域の設定、危険区域における造成規制や保安林の設定を行うよう、指導・監督に努めることになっている。

原子力事業者に対しては原子力災害対策特別措置法にもとづく防災・消防組織の設置・編成を義務づけている。

[3] 民間組織

一方、民間機関では、これらの建築物や施設がある地域の関係機関はもとより、住民に対し、大規模地震の発生が予想される地域における対策の強化

写真2-3 官民一体で取り組んでいるボランティア活動(後方は岡山市役所)
(岡山市内にて)

をはじめ、地震予知時の対応の設定、地域単位で自主的に編成される自主防災組織への取り組みを指導しているとともに、政府自らも被災者に対する金銭的な支援に努めることにしている。

具体的には、町内会や自治会、婦人防火クラブ、災害ボランティア、その他防災関連のNPO、事業者、住民が自主的に防災活動を行う自主防災組織や消防団、水防団がそれだが、前者は防災対策基本法にもとづく任意団体であるのに対し、後者は消防組織法にもとづく公的機関である。

なお、災害の原因やそのメカニズム、防止などに関する専門的な研究に努め、その知見を広く発生の未然の防止やその原因の解明、再発防止などに生かす研究機関や学会として、地震予知連絡会や独立行政法人防災科学技術研究所、東京大学地震研究所、京都大学防災研究所をはじめ、日本自然災害学会や地震学会、日本火山学会、日本防災学会、日本建築学会、日本医師会などがあり、政府および自治体、NPO、事業者など民間機関の審議会や各種委員会の委員などとして参画、貢献している。

ちなみに、政府および自治体は国民・住民に対し、町内会や自治会、自主防災組織、消防団、水防団、婦人防火クラブへの参加や食料・飲料水の備蓄、避難経路や避難場所の確認、高齢者や障害者、乳幼児、妊婦、生活保護世帯、ホームレス、外国人など災害時要援護者・要配慮者台帳の作成、防災訓練および防災学習などへの取り組みについて啓発している。このため、住民も防災用品や最低3日分の食料・飲料水の備蓄、簡易トイレなどの常備、避難場所および避難経路、家族の連絡場所の確認、市町村地域防災計画などを教材にした学習会などを通じ、自助や互助に努めることになっている。

また、政府は学校教育のなかにボランティア教育を導入し、災害ボランティ

アをした児童生徒を進学や就職試験の選考のときに評価したり、進学資金や就職支度金、結婚資金、住宅資金などとして報奨金を給付したりしている。

　一方、市町村社協は市町村と連携し、ボランティア・市民活動センター、またはボランティアセンターを設置し、住民の災害ボランティアとしての登録の受付やボランティアコーディネーターの養成講座を通じ、被災地での炊き出しや瓦礫の撤去、安否確認、ふれあい・いきいきサロンの設置・運営、各種媒体による情報の発信などに協力する災害ボランティアとしての参加を呼びかけている[*1]。また、NPOや事業者ではサラリーマンが休暇を利用し、被災者に対する炊き出しや瓦礫の撤去、避難所の運営、被災者の支援、あるいは義援金[*2]・支援金を[*3]寄付している(**写真2-3**)。

3. 災害対策の課題

[1] 災害の発生可能性の認識不足

　上述した災害法制を受け、国をあげて災害対策を講じていくうえで当面の課題となることを五つにまとめてみると、まずその第一は、災害の発生可能性の認識不足である。それというのも、日本の国土の総面積の全体の68.3％は山林で、かつ本州は富士山や日本アルプスなど標高1,000～3,000メートル級の山岳地帯であるのに対し、宅地は沿岸部や臨海部、河口部、平野、丘陵地などわずか0.2％にとどまっているため、扇状地や埋立地、低地、急傾斜地に住宅を建てて住まざるを得ない。

　また、山岳地帯に降った雪や雨が源流から河川を通じ、一気に流れ込むため、住宅や商店街、農地、漁港に甚大な被害を受けるおそれがある。さらに、近年は地球温暖化の影響も加わり、毎年5～6月、梅雨前線が活発化し、集中豪雨、また、夏から秋にかけて台風が接近、または上陸し、多くの被害を及ぼしている。

一方、活火山は2016（平成28）年10月現在、富士山をはじめ、計110ある。そのうえ、本州中部を糸魚川－静岡構造線が縦断し、かつ地球の核の周りのマントルの上部に厚さ100キロメートル前後のユーラシアプレート（岩板；岩盤）やフィリピン海プレート、太平洋プレート、北アメリカプレートが地下約30～100キロメートルの地層でせめぎ合っているほか、活断層も2,000以上散見されているため、いつ、どこで地震や津波、火山災害などが発生してもおかしくない状態にある。

　加えて、これらの被災地の大半は少子高齢化や人口減少、過疎化により、住民による自助はもとより、互助も限界となっている中山間地域や島嶼に集中している。沖縄や九州、四国、紀伊半島などで年中行事化している集中豪雨や台風による風水害がそれである。

　また、2010（平成22）年に実施された国勢調査によると、総人口は2009（平成21）年10月現在、1億2,751万人で、前年に比べて18万3,000人（0.14％）と2年連続で減少している。とくに中山間地域や島嶼を抱える北海道や東北、北陸、中国、四国、九州の各県では少子高齢化や人口減少、過疎化のため、平常時における高齢者の見守りや安否確認、買い物、通院などに支障が出ているなど住民の自助や互助が困難となっており、災害弱者ならぬ"災害弱自治体"が増えている（**図表2-3**）。

　一方、首都・東京をはじめ、大阪や名古屋の大都市圏など都市部では住民のライフスタイルの変化や老朽化した木造住宅の密集、地方からの若年世代の転入に伴い、新旧住民の互助が困難となっている。とりわけ、

図表2-3　都道府県別の人口増減率

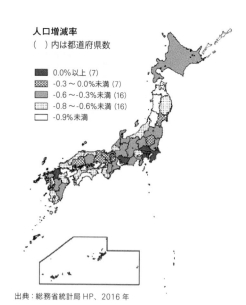

出典：総務省統計局HP、2016年

2020（平成32）年の東京五輪の開催に向け、高層マンションやオフィスビルが林立している東京の臨海部ではデフレ不況などどこ吹く風と思いきや、その多くは埋め立て地に立地しているため、首都直下地震などによっては長周期地震動や津波、建築物の不等沈下、液状化の可能性があり、迅

写真2-4　福島原発事故で"死のまち"と化した被災地（福島県浪江町にて）

速な被災者救援や捜索、支援物資の輸送、災害ボランティアの受け入れが困難などとなっている。それは「都市災害」といわれた阪神・淡路大震災の際の神戸市の惨状をみれば明らかである。

　このようななか、岩手、宮城、福島と東北地方の3県にまたがり、起こった東日本大震災では被災者の救援や捜索、補償・賠償、生活再建、インフラの復旧・復興のため、隣接する都道府県や市町村をその後方支援としていかに機能させることが重要か、地方における「広域災害」への取り組みの重要性が明らかになった。

　しかも、東京電力福島原発でメルトダウン（炉心溶融）という前代未聞の大事故まで起こし、事故後、約5年経ったにもかかわらず、いまだに約14万5,000人が全国でバラバラとなって避難生活を余儀なくされており、「避難指示」が一部解除されたものの、診療所やスーパーマーケット、コンビニエンスストアなどの再開のメドが立っていない。このため、若年層を中心に大多数の避難者は帰還できず、原子力災害の恐ろしさを実感させられた（**写真2-4**）。その意味でも、都市部、地方を問わず、地域特性や災害の種類、規模、範囲なども含め、災害の発生の可能性を改めて詳細に検証する必要がある。

[2] 過去の災害の風化

　第二は、過去の災害の風化である。それというのも、日本は"災害列島"であり、火山大国であり、かつ原発大国であるため、地震や津波、風水害、火山災害などさまざまな自然災害や原子力災害など人為的災害の発生の可能性がある。しかし、被災者やその子ども、孫と世代が後代になるに従い、その記憶や体験の伝聞、記録、さらには教訓も薄れがちになるほか、家族や友人、知人など関係者を失った遺族の心情を察し、災害の遺構を撤去したり、解体したりするところもあるため、風化している。

　過去に災害に見舞われた住民の有志が至るところで後世に地震や津波に備えるため、高台に住むよう、郷土史に記録したり、公園や広場、墓地に遭難碑を残したりして警告しているが、時代の推移とともに、その子や孫、曾孫などと世代が代わるにつれ、だれも気づかなかったり、知ってはいるものの、「自分たちが生存している間、災害はこない」とか、防潮堤が建設されたり、かさ上げされたりしているため、職住近接で便利とあって漁港やその周辺の臨海部や沿岸部に住宅を移して被災し、甚大な被害を繰り返しているのが実態である。

　現に、東日本大震災の被災地では1611（慶長16）年の会津地震をはじめ、1677（延宝5）年の関東磐城（延宝房総沖）地震、1888（明治21）年の磐梯山噴火、1896（明治29）年の明治三陸（沖）地震、1933（昭和8）年の昭和三陸（沖）地震、1978（昭和53）年の宮城県沖地震と過去6回、大地震と津波および火山災害に襲われている。このため、今回の東日本大震災で43人が津波に飲み込まれた宮城県南三陸町の防災総合庁舎も保存、または解体かで住民の意見が分かれ、結論が出ないため、県が向こう20年、一時保存し、改めて議論することになった。それもこれも、被爆後、20年以上にわたる議論の末、保存した結果、「世界遺産」に登録され、世界平和の象徴となった広島原爆ドームから得た教訓である。

　三重県桑名市長島町など木曽三川の河口部に広がる市町村では1944（昭和19）年の東南海地震、また、1946（昭和21）年の南海地震によって繰り返し災害を受けているため、資料館「輪中の郷」前に記念碑を建て、住民に災

写真2-5 風化されつつ地震の爪痕（福井県庁内・福井城跡にて）

害の備えを啓発しているが、当時を知る古老はともかく、若年世代、とりわけ、他の地域から転居したり嫁いできた若年世代はその存在すら知らないのが実態である。福井市福井県庁内の福井城の石垣も1948（昭和23）年の福井地震の爪痕の一部だが、これを知る住民は年々減っている（**写真2-5**）。

　また、毎年5〜6月の集中豪雨期、さらに同7〜9月の台風シーズン、九州や四国、近畿地方では1934（昭和9）年の室戸台風をはじめ、1953（昭和28）年の南紀豪雨（紀州大水害）、西日本水害、1957（昭和32）年諫早水害、1961（昭和36）年6月の梅雨前線豪雨、9月の第二室戸台風、1972（昭和47）年の47年7月豪雨、1982（昭和57）年の長崎豪雨などと年中行事のように自然災害に見舞われ、甚大な被害を出している。このほか、416（允恭5）年の大和河内地震をはじめ、1293（正応6）年の鎌倉大地震や1596（慶長元）年の近畿地方地震、1707（宝永4）年の宝永地震、1854（嘉永7）年の安政東海地震、1891（明治24）年の濃尾地震、1923（大正12）年の関東大震災、1944（昭和19）年の東南海地震、1945（昭和20）年の三河地震、1946（昭和21）年の東南海地震、1974（昭和49）年の伊豆半島沖地震、1978（昭和53）

年の伊豆大島近海地震、さらには阪神・淡路大震災などと相次いでおり、懸念されている首都直下地震や東海地震、東南海地震、南海地震など南海トラフ巨大地震、さらに富士山噴火がひとたび起きれば甚大な被害を受けることは明らかである。

　しかし、政府も自治体もこのような過去の災害を教訓として十分学ばず、災害対策よりも政官財の癒着による新幹線や高速道路、港湾、ダムおよび2020（平成32）年の東京五輪に向け、土建型公共事業を推進している。また、原発の建設にあっては活断層が原子炉の敷地内やその周辺にあることが指摘されているものの、「始めに再稼働ありき」で、メディアを通じ、住民に対して「安全神話」を吹聴する一方、関係市町村に対し、原発マネーをちらつかせ、推進にひた走っている原子力政策は地元の自治体や住民の地方自治や生存権を脅かし、かつ自然や人間の尊厳を冒涜（ぼうとく）する以外の何物もない。その意味で、過去の災害の風化に注意したいものである。

[3] 対米従属と政財官学の癒着

　第三は、対米従属と政財官学の癒着である。それというのも、歴代の自民党政権は、日本は世界唯一の被爆国であるにもかかわらず、極東アジアにおける政治・経済的な覇権、および原子力の「平和利用」という名の軍事利用、すなわち、核武装によって中国やロシアと対峙し、万一のときは核戦争も辞さない姿勢で極東戦略を敷くアメリカに無条件で従属しているほか、政官財の癒着による土建型公共事業を推進してきた結果、2016（平成28）年現在、総額約1,000兆円もの借金を抱え込み、抜本的な災害対策が講じられていないからである。

　現に、戦後約70年経っているにもかかわらず、国内にある米軍基地の71％が沖縄県に存在し、住宅密集地にある宜野湾（ぎのわん）市の普天間飛行場を名護市辺野古（へのこ）に移設することで、たび重なる米軍兵士の犯罪や基地公害を棚上げしようとしている。これは県民の感情を無視しているばかりか、戦後、平和主義と国民主権、基本的人権の尊重を三原則とし、平和・福祉国家の建設をめざすべき日本国憲法に反するものではないか。

写真2-6 政財官の癒着による土建型公共事業（群馬県吾妻郡の八ッ場ダム建設工事現場にて）

　それだけではない。かつて「日本列島改造論」なるスローガンを掲げ、中央官僚の自動車業界や総合建設会社（ゼネコン）への天下りや族議員の政治献金の受け取り、選挙活動における集票マシーンへの期待、自動車業界や総合建設会社の新幹線や高速道路の受注工事による利権の獲得というトライアングルにより、東海道、山陽、東北、上越、北陸、九州、北海道各新幹線や東名、新東名、名神、関越など各高速道路を相次いで建設した。さらに、その後も地方自動車道や空港、港湾、ダム、広域農道などあらゆる土建型公共事業を東京、大阪、名古屋の三大都市圏だけでなく、地方都市でも推進し、"災害列島"であり、火山大国であり、かつ原発大国という国土の保全や国民の生命、財産を守る国是と逆行するものである（**写真2-6**）。

　また、東京電力福島原発事故では遡上高14〜15メートルの津波が発電所を襲い、地下に設置されていた非常用ディーゼル発電機が海水に浸かって故障したほか、電気設備やポンプ、燃料タンクなど多数の設備も損傷し、流出で失ったため、全交流電源喪失状態（ステーション・ブラックアウト）に陥り、ポン

プの稼働および原子炉の内部や核燃料プールへの送水が不能となり、冷却できなくなった。さらに、核燃料の溶融が発生し、原子炉内の圧力容器や格納器、各配管などの設備にも多大な損壊を伴うほど甚大な原発事故へとつながったものの、このような情報は小出しにされた。しかも、メルトダウンしたものの、その結果を事故後、2か月遅れで認めたほか、約5年後の2016（平成28）年、当時の民主党政権の幹部に対するヒアリング調査もせず、「首相官邸筋より公言を慎むよう指示された」と報告する有様である。

　そこで、当時の民主党政権は事故発生後、ただちに「原子力緊急事態宣言」を発令し、東京に近い静岡県御前崎市の中部電力浜岡原発の稼働を即、停止する一方、半径20キロメートルの周辺住民に対し、「避難指示」を出したため、住民約40万人が避難したものの、放射性ヨウ素が海側から北方に飛散し、北方の福島県浪江、双葉両町に放射性物質が飛散する始末だった。しかも、その後、自公政権に代わったものの、全避難者約16万人のうち、いまだに約14万4,000人が帰還できていない。そればかりか、九州電力川内原発をはじめ、四国電力伊方原発や関西電力大飯原発、同高浜原発などを相次いで再稼働させる方向である。さらに、放射線の被曝による健康問題や家族、生活基盤の崩壊、また、広大な土地の環境汚染も深刻なため、除染や復旧・復興の道筋が見えてこないうえ、「除染隠し」も明るみになるなど、原子力事業者および政府の原子力災害対策は民主党政権よりもむしろ怠慢で、かつ業界寄りなうえ、処理もおざなりで、住民の健康と安全にいかに無責任であるのかを露呈している。

　そのきわみは、国際オリンピック委員会（IOC）の総会の際、「アンダーコントロール」と事実に相反する説明を行い、2020（平成32）年、東京五輪を誘致したプレゼンテーションである。その意味で、対米従属と政財官学の癒着は深刻な問題である。

[4] 公助の縮減と互助、共助の混乱

　第四は、公助の縮減と互助、共助の混乱である。それというのも、政府および自治体は災害対策を公助としてとらえたうえ、国民に対し、自助や互助、また、

NPOや事業者に対し、共助として災害対策に努めるよう、求めているが、肝心の災害法制の整備・拡充にもとづく災害対策はそこそこで、"防災"に名を借りた東京一極集中を加速化させる土建型公共事業に邁進すべく、総額200兆円もの国土強靭化計画を断行している。また、「減災」なる用語を唐突に持ち出し、災害は人知を尽くしても防げないとでもいいたげに、その防災や災害時の救援、生活再建は住民の自助と自治体、とりわけ、市町村や市町村社協、災害ボランティア、NPO、事業者の共助で取り組むべきだといってのけ、政府の公助を軽減し、互助と共助を混乱していることさえも自覚していないのか、それとも確信犯ではないかといわざるを得ない。

実は、この公助や自助、互助は江戸時代、米沢藩の第9代藩主だった上杉鷹山（ようざん）が財政危機を迎えた藩政について、藩の人件費を削減する一方、農業をはじめとした領地の産業振興を推進し、財政再建を果たした際、その実践理論は藩の扶助、すなわち、公助を基本にしたものの、領民の自助と互助からなる「三助論」を実証した目的的概念および実体的概念である。

ちなみに『広辞苑（第六版）』によると、自助とは「自分で自分の身を助けること。他人に依頼せず、自分の力で自分の向上・発展を遂げること」、また、共助とは「助け合い」とされている。また、『実用日本語表現辞典』（玉村文郎編、スリーエーネットワーク、2016年）によると、公助は「公的機関によって提供される援助のこと」としたうえ、「行政に関するキーワードで、『自助、共助、公助』のひとつの標語を成す。『自助』は自分や家族、『共助』は地域の共同体において、身を守り助け合うこと」とされている。

しかし、鷹山が藩主だった出羽国（現山形県）米沢藩は1767（明和4）年、累積赤字が20万両（260億円相当）[*4]に膨れ上がり、かつ石高が同じ弱小の地方の藩の割には家臣約6,000人と大勢抱えていたため、人件費は年々膨れ上がっていた。そればかりか、当時、「天明の大飢饉」[*5]を受け、領民から徴収する年貢の納入が滞っていたほか、1553（宝暦3）年の上野・寛永寺の普請による出費や1755（宝暦5）年の水害への出費も重なっていたため、領地を返上せざるを得ないほど財政危機に陥っていた。

そこで、自分の手当を1500両（1億9,500万円相当）から209両（2,717万円相当）余りにカットしたほか、奥女中を50人から9人に減らすなど人件費の

大幅な削減を断行するとともに、自らの食も粥にして倹約を行った。そのうえで、家臣や領民にも倹約への協力を要請したところ、一同も協力した結果、家督相続した11代藩主、斉定の時代になってようやく藩の財政の再建を果たした。

この鷹山の陣頭指揮による財政再建の成果が世間の評判となり、藩の扶助、すなわち、公助と藩主自身の自助、および領民の互助による藩の財政の再建が現代の行財政改革だけでなく、災害対策においても注目されるようになったのである。もっとも、封建社会の当時、他の藩が財政危機に陥ったり、災害に遭ったりしたからといっても、各藩は幕府の命令でもなければ他の藩を支援するほど財政的にも余裕がなかったため、各藩や領民による支援の受け入れ、または各藩や領民への支援などの共助はあり得なかった。

ただし、唯一の例外は、ほぼ同時期、浅間山(標高2,568メートル)の「天明の大噴火」における藩および幕府の扶助(公助)、被災者の自助と互助、および近隣の名主らの共助による史実はある。

これは1783(天明3)年、浅間山の「天明の大噴火」の際、麓の上野国鎌原村(現群馬県嬬恋村鎌原)を襲い、村外れの高台の鎌原観音堂に避難して助かった数少ない生存者たちが片親や孤児となったため、再婚したり、縁組をしたりして家族構成を再編し、村の再生のため、自助と互助に努めたほか、幕府は地元の沼田藩などからの要請を受け、熊本藩に約12万両(156億円)の支援金を命ずるなど、総額1,404万両(約1兆8,252億円相当)を投入して公助に当たった。

また、近隣の名主も炊き出しや御救小屋[*6]を建てて生存者を保護したり、被災地の復旧・復興のため、普請[*7]に協力するなど共助に乗り出した結果、見事に復旧・復興を遂げ、明治期、他の9村と合併し、現在の嬬恋村鎌原として再生、日本一の高原キャベツ村、また、軽井沢〜草津温泉の中間にある

図表2-4　ベストミックスの災害対策

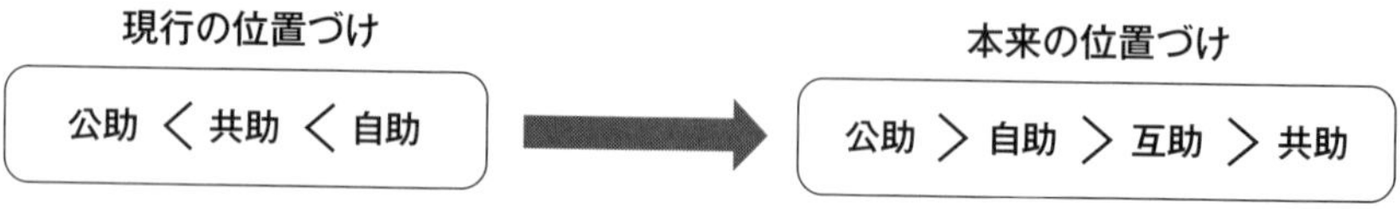

現行の位置づけ　　　　　　　　　本来の位置づけ

公助 ＜ 共助 ＜ 自助　→　公助 ＞ 自助 ＞ 互助 ＞ 共助

出典：筆者作成

リゾート地として発展しているのである。このため、筆者はこの当時の公助、自助、互助、共助こそ日本における地域福祉の源流ではないか、と受けとめている[*8]（**写真2-7**）。

いずれにしても、このように災害対策にあっては被災者の自助、家族や住民の互助のほか、災害ボランティア、NPO、事業者の共助も大事だが、基本は政府および自治体の公助、すなわち、災害法制にもとづく災害対策である。そして、万一、災害に見舞われた際、被災者の救援や捜索、補償・賠償、生活再建、復旧・

写真2-7　浅間山の噴火で領民が避難した鎌原観音堂
（群馬県嬬恋村にて）

復興のため、政府および自治体が総力をあげて必要、かつ十分な措置を講ずべきである。これが"災害列島"の宿命にある日本のベストミックスの災害対策である（**図表2-4**）。

ところが、小泉政権以後、政府に関わるあらゆる政治課題について国民の「自己責任」を突如言い出し、災害対策における公助を縮減し、国民・住民の自助や互助、共助をひとまとめにし、自助と共助を強調する始末である。それというのも、阪神・淡路大震災後に改定した政府の防災基本計画のなかに「国民・住民は自らの安全は自らが守る」むねを新たに盛り込んだからである。

また、東日本大震災および東京電力福島原発事故を機に、この防災基本計画をはじめ、指定行政機関および指定公共機関が改定した防災業務計画、および自治体が改定した地域防災計画でもこれに申し合わせたかのように、いずれも第一義的に公助の必要性を強調したものは影をひそめ、国民の共助や自助が前面的に押し出され、災害対策は国民の「自己責任」で対応すべきであるかのような文言を並べている。

それだけではない。災害対策は過去の災害による惨禍を教訓に再発防止のため、防災に最大限の力を入れるのが基本だが、唐突に「減災」なる用語を引っ張り出し、日本は"災害列島"の宿命にあるため、災害の発生とこれに伴う被災はあらかじめどのような対策を講じようとも避けられない、とでもいわんばかりにその責任を縮減するかのように豹変している。もちろん、だからといって国民はすべて公助に依存するのではなく、地域特性や住民の災害ニーズを踏まえ、一人ひとりの自助はもとより、家族や住民による互助、さらには災害ボランティアやNPO、事業者の支援も受け、また、災害に遭わなかった場合、災害ボランティアなどとして被災地を支援し、共助に努めることはいうまでもない。その意味で、公助の縮減と互助、共助の混乱も課題である。

[5] 集権国家の病弊

　そして、最後の第五は、集権国家の病弊である。それというのも、日本は1945（昭和20）年の第二次世界大戦後、国民主権や平和主義、国民の基本的人権の尊重を三大原則とする日本国憲法を制定する一方、地方行政は地方自治の本旨にもとづき、自治体が責任を持って地域特性や住民のニーズに応じ、取り組むことになっており、1999（平成11）年、地方分権一括法の制定に伴い、政府の事務を自治体が代行する機関委任事務が廃止され、法定受託事務となった。もっとも、小泉内閣は「聖域なき構造改革」の一環として政府から自治体への税源の移譲を行う反面、国庫補助負担金の廃止や縮減、地方交付税の削減を行う「三位一体の改革」を断行、地方分権化に逆行する施策に転じ、ただでさえ"3割自治"に泣かされている自治体をさらに締めあげ、集権国家へとむしろ加速させたため、自治体による災害対策も政府の方針待ちで、長年にわたる集権国家の病弊から抜け出せないからである。

　その結果、平常時の過去の災害や危険個所の抽出、避難場所および避難経路の指定・安全確認、食糧・飲料水の備蓄、避難所の運営、病院や施設など福祉避難所との連携、NPOや事業者への避難ビルの協力の要請、災害時相互応援協定や受援計画の締結、災害ボランティアの受け入れ、防災教育、防災訓練などはもとより、災害時の被災者の救援や捜索、補償・賠償、生活

再建および被災地のインフラなどの復旧・復興にあっても地域特性や住民・被災者のニーズを最優先し、的確、かつ迅速な対応を行うことが十分できていないのが実態である。このため、道路や鉄道、空港、港湾などのハードの整備は進むものの、ソフトである被災者の補償・賠償や生活再建

写真2-8　阪神・淡路大震災の復旧後もいまだに"シャッター通り"の商店街（神戸市長田区にて）

はもとより、避難生活も長引くばかりで、自殺や一家無理心中などの「災害関連死」が増えている有様である。

　現に、阪神・淡路大震災では被災者のニーズを無視し、市街地の復旧・復興を優先したため、駅前の再開発やオフィスビル、道路などハードはいち早く整備されたものの、震災後、早20年以上経っても商店街はいまだに"シャッター通り"で、かつてのコミュニティは再生せず、住民のきずなは寸断されたままである（**写真2-8**）。また、東日本大震災では東北新幹線や東北自動車道は一早く復旧したものの、住民が被災前、日常的に利用していた在来線や生活道路、商店街の復旧は二の次で、いまだに一部の在来線や生活道路、商店街、宅地、農地は野ざらしのままである。

　その背景に集権国家があるが、それだけでなく、もとはといえば国政および地方政治における有権者の議員や首長選挙における投票率、および外交や環境、エネルギーなどマクロ・メゾの政策よりもミクロの政策、すなわち、当座の景気回復や社会保障、消費税引き上げの先送りなど租税や社会保険料の負担の回避を優先したり、義理や人情、「おらがセンセイ」に投票したり、所属する組織が推薦する立候補者に投票する国民・住民の長年にわたる「お任せ民主主義」、すなわち、行政依存、あるいは「長い物には巻かれろ」式の国民性にもある。国の歴史そのものは1,500年以上を誇っているものの、アジアの辺境の地にあり、かつ四方を海に囲まれ、外国に侵略されにくい地理的位置も

あってか、先進国のなかでただの一度も市民革命がないのは日本だけである。
　しかし、経済はもとより、政治もグローバル化している今日、今後も「お任せ民主主義」のままでよいわけがない。その意味で、集権国家の病弊も深刻である。

注

* 1　総務省統計局の「社会生活基本調査」によると、2010（平成22）年10月〜翌2011（平成23）年10月までの間、被災地などでボランティアに関わった国民は延べ約431万7,000人と5年前の2006（平成18）年の132万人に比べ、約3倍に急増している。
* 2　赤い羽根共同募金や日赤による被災者への見舞金など。
* 3　災害支援に努めているNPOやNGO（非政府機関）への活動資金。
* 4　1両は現在の貨幣価値で13万円相当。
* 5　1782〜1788年（天明2〜8）年、東北地方を襲った飢饉。餓死者を多数出した「江戸四大飢饉」の一つで、人肉を食べたほどだった。
* 6　災害時、被災者を一時保護する仮小屋。
* 7　道路工事や家並み、集落の復元などの事業。
* 8　くわしくは川村著『地域福祉源流の真実と防災福祉コミュニティ』（大学教育出版、2016年）参照。

第 3 章

防災福祉の先進自治体

1. 群馬県渋川市

[1] 地勢

　渋川市は群馬県のほぼ中央部にあり、市域の約3割が山林である。なかでもそのシンボルとなっているのが赤城山（標高1,828メートル）と榛名山（同1,449メートル）で、その周りを子持山や小野子山などの低山も連なり、麓には利根川と吾妻川が流れている。

　標高は最高で1,565メートル。標高差は約1,400メートル以上となる起伏に富んだ地形で、谷地や急傾斜地が多い。このため、土砂災害や土石流などの危険箇所が計353か所もある（**写真3-1**）。

　しかし、全体の約7割は平地で、中山道の高崎（群馬県高崎市）から分かれ、かつて北国（北陸）街道の寺泊（新潟県長岡市寺泊）に至る街道が設けられ、関東と越後を結ぶ宿場だった。このため、戦後、このような地勢を受け、JR上越新幹線や関越自動車道、国道17号線が南北に縦断して東京や新潟と結ばれており、都市部との連絡は比較的恵まれている。

　また、過去の災害も意外と少なく、地震は818（弘仁9）年、弘仁の大地震だけである。また台風は1947（昭和22）年のカスリーン台風で死者31人、重軽傷者18人、流出家屋78戸を出したものの、降雪も少なく、2014（平成26）年、積雪1.2メートルの豪雪に見舞われた程度である。

　一方、火山噴火は6世紀の榛名山噴火、1108（天仁元）年と1783（天明3）年、浅間山の大噴火で死者をわずかに出しただけで済んで

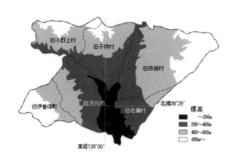

地図3-1　新・渋川市の旧市町村

出典：渋川市HP, 2016年

いる。

　行政体としては、明治、昭和と2回の市町村合併を経て旧渋川市となり、「平成の大合併」で2006（平成18）年、旧渋川市と伊香保、小野上、子持、赤城、北橘の計五つの町村が合併し、新・渋川市となった（**地図3-1**）。

写真3-1　谷地や急傾斜地が多い渋川市（旧伊香保町にて）

　総人口は2016（平成28）年6月現在、8万362人で、過半数は旧渋川市に居住している。高齢化率は前年数値で31.0％、一人暮らしの高齢者は2,391人、要支援・要介護高齢者は4,545人、障害者は延べ5,252人いる一方、出生数は年々減少し、ここ数年、500人前後で推移しており、合計特殊出生率は1.3前後にとどまっている。このような少子高齢化や人口の減少は今後も続き、2025（平成37）年には総人口は約5万人、高齢化率は37.4％、合計特殊出生率は1.2と推計され、「消滅可能性都市」に数えられており、予断を許さない情勢である。

［2］災害対策

　市は2016（平成28）年、地域防災計画を策定し、風水害、雪害、土砂災害、火山災害、地震に対し、災害に強いまちづくりや建築物の安全化、応急・救急・救助・医療活動、必要な情報収集や連絡、応急・救急・救助・医療、消火、緊急輸送活動、食料・飲料水・生活必需品の供給、広報・公聴に努めている。また、二次災害予防体制として高齢者や障害者、乳幼児、妊婦、生活保護世帯、ホームレス、外国人などの要配慮者の孤立の防止、避難・収容や社会福祉施設などの整備や応急復旧、災害ボランティアの受け入れ、災害時の社会秩序の維持や物価の安定など復旧・復興対策を講ずることになっている。

　このほか、小・中学校や上下水道、住宅、民間特定建築物の耐震化を図る

とともに、住民参加型の総合防災訓練や放課後児童クラブ、子育て支援センター、保育園、幼稚園ごとの防災訓練を実施している。さらに、市内を4方面別に計30分団からなる消防団に計約650人の市職員など、サラリーマンも含む団員を確保するとともに、108の全自治会や町内会と連携し、防災リーダー講習会や一般住民も参加する災害図上訓練*1も実施している。

一方、事業者に対し、食料・飲料水などの生活必需品の調達・供給や給・排水など、緊急修繕用資材の備蓄などの協力を要請している。

[3] 防災福祉

防災福祉では、2014〜2023（平成26〜35）年の地域福祉計画で「協働・連携による地域福祉のまち」、「適切な支援とサービスが届くまち」、「健康で生きがいを持って暮らせるまち」、「安全・安心に暮らせるまち」の四つの基本目標をあげている。「安全・安心に暮らせるまち」のなかで防災行政無線などの整備や災害時の食料・飲料水などの備蓄の更新・配備、消防団の育成、地域防災組織の立ち上げ、東京都板橋区など計50自治体との間で災害時相互応援協定を締結し、都市部などの被災地の住民の受け入れに協力している。

また、要介護3以上の高齢者や1〜2級の身体障害者などの要援護者支援台帳を作成し、あんしん見守りネットワーク事業や配食サービスなどを通じ、その健康状態や見守り、安否確認を定期的に行っている。さらに、災害時、協定を結んでいる社会福祉施設の福祉避難所への誘導により、安全の確保に努めるとしている。

一方、市社協は2014〜2018（平成26〜30）年の地域福祉活動計画で「支え合うより良い福祉のまち

写真3-2　自主防災組織の組織率がほぼ100％の渋川市
（渋川広域消防本部にて）

づくり」を基本理念に掲げ、「育てよう　八万人の絆を」、「つながろう　ご近所同士で」、「支え合おう　みんなの暮らし」、「広めよう　豊かな情報を」の四つの基本目標を掲げ、ボランティア育成講座や組織化、災害ボランティアとしての支援やボランティア情報の提供、ボランティア保険の加入の促進、9地区社協への支援、小地域ネットワーク活動の推進、ふれあい・いきいきサロンの運営の支援、地区社協担当職員の配置を行っている。

　事実、東日本大震災以降、住民の防災意識が高まっており、自治会による自主防災組織の組織率は2016（平成28）年現在、ほぼ100％と、過去の災害がほとんどない土地柄とはいえ、県下の市町村のなかにあってその組織率はきわだっている[*2]。その背景の一つに市議会の市議や住民への強い働きかけがある（**写真3-2**）。

［4］特徴的な事業

　市は、2013（平成25）年から2015（平成27）年にかけ、合併前、六つの市町村で異なっていた防災行政無線を統合し、約280の親局と同256子局を結んだうえ、ICT（情報通信技術）を活用し、市内の医療機関と消防本部の救急車に搭載したタブレット（多機能携帯端末）、さらにはスマートフォン機能および群馬県統合型医療情報システムを補完し、住民からの119番通報を指令センターより受けた救急隊員がこのキットやスマートフォンを操作し、市内をはじめ、計約100か所の県内の医療機関に対し、救命救急医療の受け入れの可否を一括要請し、即、搬送する統合型医療情報システムを開発し、患者の救命救急医療を最優先していることである（**図表3-1**、**写真3-3**）。

　その結果、救急搬送時間は2013（平成25）年現在、全国平均が39.3分のところ、群馬県は36.0分と3.3分も短い。また、渋川広域消防本部が扱った重症以上の急患の搬送事案に占める4回以上の受入れ不可件数は2010〜2013（平成22〜25）年、7,488〜8,115件のうち、349〜260件（最高5.2％）だったのに対し、2014（平成26）年は8,341件のうち、わずか240件（2.9％）と大幅に改善された。

　そればかりか、それまで電話で病院1か所当たり約3分かかっていた受け

入れ可否の応答までの時間がなくなったほか、仮に5か所の病院とも受け入れが不可の場合、それまで最低15分かかっていたタイムラグも解消され、助けられなかった命も助けることになった。さらに、災害時に被災者の救護は72時間、すなわち、3日という壁も打ち破ることが可能となった。

それだけではない。このシステムは救命救急医療の高度化や救急隊員の負担の軽減、県民の利便性の向上、コスト削減をもたらしている。

この救急医療搬送システムは地元群馬県下各地にただちに普及しただけでなく、隣の埼玉県も2016（平成28）年4月に同様のシステムを導入し、群馬県と広域連携を締結するまでになった。その先進的なシステムはメディアや口コミで全国的に知られ、全国から関係者が視察に訪れており、同本部はその対応にうれしい悲鳴をあげているほどである。

もう一つは、2013（平成25）年の災害対策基本法の改正に伴う「避難行動要支援者の避難行動支援に関する取組指針」にもとづき、すべての市町村に義務づけられた高齢者や障害者、乳幼児、妊婦、生活保護世帯、ホームレス、外国人などの要援護者支援台帳を活用した災害時要配慮者避難支援プランなどの作成についても、同市は大阪府八尾市などとともに他の市町村に先駆け、行政と住民による災害時要援護者支援体制を確立し終えていることである。

図表3-1　渋川広域消防本部の救急医療搬送システム

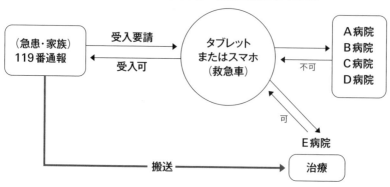

出典：筆者作成

具体的には、市のホームページでの高齢者や障害者、乳幼児、妊婦、生活保護世帯、ホームレス、外国人など要援護者の受付はもとより、自治会や自主防災組織を通じ、要配慮者の名簿への登載の可否を広報し、本人や家族の名前、住所、電話番号、災害時

写真3-3　先進的な救急医療情報システム（渋川広域消防本部にて）

に希望する支援やかかりつけ医、服用の薬、緊急連絡先などを記入してもらっている。そのうえで、平常時からホームヘルパーや保健師などと広域的なネットワークを図り、安否確認を行うとともに、防災訓練に参加してもらうよう、手あげ方式で取り組んでいる。

　このほか、災害時、社会福祉施設の福祉避難所18か所をはじめ、小・中・高校・専門学校や公民館、体育館、温泉センターなどの指定避難所計45か所への避難誘導、避難生活の支援、応急仮設住宅の提供にも備えている。もとより、個人情報について適正に管理しつつ、毎年1回更新し、住民の安否確認も行っている。

　この救急医療搬送システムや災害時要配慮者避難支援プランの作成および実施するにあたり、市や広域消防本部、民生・児童委員、自治会・町内会など関係機関との連携・調整に東奔西走した安ヵ川信之市議や伊花明美元市議は「"縦割り行政"や行政と医療機関との連携を図るため、それは大変でした。このため、議会で何度も当局の対応を質した結果、やっと今日までになりました。でも、まだまだ課題があるため、今後も"日本一災害に強いまち・渋川"にすべく、頑張りたい」と話していた。

　一方、渋川広域消防本部も「関係機関とのさらなる連携の強化や定期的な情報の更新、急患のリビングウィル（生前の意思）を考慮した病院への搬送前の救護体制のあり方を新たな課題として受け止め、その解決に向け、ステップアップしたい」を気を引き締めていた（**写真3-4**）。

[5] 当面の課題

　第一は、災害時要配慮者避難支援プランでは介護保険事業計画や障害者（障害福祉）計画、次世代育成支援行動計画と連携し、高齢者や障害者、乳幼児、妊婦、生活保護世帯、ホームレス、外国人などすべての災害弱者を対象として策定することになっているため、地域防災計画は地域福祉計画および地域福祉活動計画と連携し、住民参加にもとづく公私協働により一体的に取り組みたい。もちろん、その場合、約140キロメートル東の茨城県のJOC東海発電所など原子力災害への対策も講じたい。

　第二は、災害時要配慮者避難支援プランの登載希望者は高齢者や障害者、乳幼児、妊婦、生活保護世帯、ホームレス、外国人などの要配慮者計約4,000人のうち、458人と全体の約1割強にとどまっているため、その趣旨をさらに周知徹底し、手あげ方式とはいうものの、全員の登載をめざし、災害時における迅速な避難誘導を行いたい。

　最後に、第三は、六つの行政区と四つの地域包括支援センター、さらには9地区社協を調整し、平常時における見守りネットワーク活動とふれあい・いきいきサロンを連携し、災害時でもそのネットワークを活用し、自助や互助に努め、被害を最小限に食い止めたい。併せて、特別養護老人ホームや障害者支援施設、児童養護施設が災害時、福祉避難所として利活用できるかどうか、関係者の協力を得て点検し、熊本地震で試行されたテントやトレーラーハウス、簡易シェルターなど代替施設の整備を検討したり、他の公共施設や事業者、さらには埼玉県だけでなく、栃木県や新潟県とも災害時相互応援協定や受援計画を結び、「広域災害」に備えたい。

写真3-4　"日本一防災に強いまち"をめざしている渋川市（渋川市役所にて）

2. 東京都北区

[1] 地勢

　北区は東京都の北東部に位置し、北は荒川を隔てて埼玉県川口、戸田市、東は足立、荒川区、西は板橋区、南は文京、豊島区に接している。このうち、JR京浜東北線の西側は富士山が噴火して降下した火山灰などが堆積した関東ローム層*3からなる武蔵野台地の山の手、東側は沖積平野の低地からなる老朽化した木造住宅が密集する下町に大きく分かれている。（**写真3-5**）。

　行政体としては、明治の大合併を経て、1947（昭和22）年、王子、滝野川両区が合併して北区が誕生し、2016（平成28）年現在、王子、赤羽、滝野川の三つのブロックのもと、王子、豊島、十条、王子本町、神谷、東十条、赤羽北、赤羽台、桐ヶ丘、赤羽、志茂、赤羽東、赤羽西、西ヶ丘、滝野川、堀船、昭和町、上中里、中里、浮間、田端の計19の行政区に分かれている。

　区役所は五つの庁舎に分散しており、サービスカウンターやホール、レストランを併設した17階建ての「北とぴあ」に分室があるが、老朽化が進んでいる。このため、10年後をメドにJR王子駅周辺に移転し、統合される予定だが、その際、区庁舎が地域防災の拠点となるよう、検討している。公共施設や社会福祉施設は王子や豊島、十条、王子本町、赤羽、志茂に集中しており、浮間や田端、滝野川、堀船、昭和町、上中里、赤羽東、西が丘などは比較的少ない。もっとも、住民票など身近な手続きは計19の地域振興室で処理できる。

　総人口は2016（平成28）

写真3-5　山の手と下町が混在する北区（右手は飛鳥山）
（北区王子の「北とぴあ」にて）

第3章　防災福祉の先進自治体　　89

年1月現在、32万165人で、王子、赤羽、滝野川に分散している。このうち、外国人は1万4,786人である。昼夜間の人口もオフィス街や繁華街を抱える中央、品川、港、新宿、渋谷、豊島区などと違い、32万〜33万人とほぼ変わらず、23区にしては住環境に比較的恵まれている。

ただし、高齢者の人口は8万5,261人で、高齢化率は25.1％とほぼ全国平均並みだが、23区のなかで最も高い。しかも、高齢者の人口は2020（平成32）年、9万0,571人と増加したのち、2025（平成37）年、8万8,184人に減少するものの、75歳以上の後期高齢者は4万0,186人から4万8,739人に増加し、65〜74歳の前期高齢者を上回る見込みであるため、高齢者福祉や保健・医療のさらなる拡充が求められている。

地勢では、浮間や志茂、王子、田端、新町は海抜3〜5メートルしかないため、地震の際、崖崩れなどの土砂災害や液状化のおそれがある。また、埼玉県・秩父山地の甲武信ヶ岳（こぶしだけ）（標高2,475メートル）を水源とする荒川水系の荒川や墨田川、新河岸川、石神井川（しゃくじい）は台風や集中豪雨などの際、堤防の決壊や洪水などの風水害に見舞われるおそれがある。

現に、1703（元禄16）年、相模トラフの房総半島を震源とするマグニチュード7.9〜8.5と推定される元禄関東地震に襲われ、多くの被災者を数えた。また、1949（昭和24）年のキテイ台風、1958（昭和33）年、静岡県を襲った狩野川（かの）台風の際、国鉄（現JR）王子駅付近では石神井川（音無川）があふれ、2メートル浸水するなど5,063棟も床上浸水し、赤羽西で7人が死亡、8戸が全壊し、桐ヶ丘や西ヶ岡、上十条、中十条などで土砂災害が起きた。

その際、北耕地川（現暗渠（あんきょ））付近で発生した崖崩れなど土砂災害の現場で被災者の救出に当たっていた赤羽警察署の園部正一巡査（当時、45歳）が一家4人を救助後、さらに、別の女児1人を救おうとしたものの、再び土砂災害が起こって押し流された住宅の下敷きになり、同川の濁流に飲み込まれて殉職した。同署に鎮座された園部巡査の銅像と石碑は、当時、現場にほど近い第三岩淵小学校の児童たちが建てた木碑に感動した渋谷区の石材店主が石碑を造り、寄贈したもので、その後、同署に移された。

そこで、「本署では毎年、他の事件や事故の捜査や被災者の捜索などで殉職した同僚の慰霊と併せ、園部巡査を追悼している」とは同署の菊池亮一

警務課長代理（**写真3-6**、**写真3-7**）。

また、1959（昭和34）年の伊勢湾台風を受け、隅田川の水門9か所と防潮堤を約46.9キロメートルにわたり、55.1メートルかさ上げする高潮対策を講じた。もっとも、その後も毎年のように集中豪雨や台風などの風水害に見舞われている。

さらに、内閣府の想定によると、都内で200年に一度の豪雨に見舞われれば荒川が決壊し、志茂など区内で最大500人が死亡するおそれがある。しかも、JR東北線の荒川橋の下部は高度経済成長期、盛んに地下水が汲み上げられて地盤沈下を招いており、かつ橋が障害になっているため、かさ上げ工事ができないのが実情である*4。

写真3-6（上）　署内に鎮座する園部巡査の像（赤羽警察署にて）
写真3-7（下）　署員が毎年、慰霊する園部巡査の慰霊碑（赤羽警察署にて）

加えて、マグニチュード7クラスの首都直下地震が今後、30年内に70％の確率で発生し、最大約2万3,000人が死亡するとして懸念されているが、その際、低地の浮間や志茂、王子、田端、新町で少なくとも死者100〜200人、負傷者2,500〜4,300人、避難者7万3,000人、揺れや液状化、急傾斜地の崩壊などによる建物の全壊約2,700棟の被害のおそれがある。それだけに、老朽化した木造住宅の耐震化や狭い路地の拡幅、さらに、2020（平成32）年の東京五輪に向け、高層ビルが建設されることも十分予想されるため、これらの長周期地震動や耐震化・免震化・制震化、避難協力ビルへの対応も必要になりそうである。

[2] 災害対策

　区は2006（平成18）年、他の区に先駆け、区内の電柱など約80か所に浸水の危険性を知らせる看板を設置する一方、携帯電話でその情報を読み取ることができるQRコードも標識に入れた。また、2015（平成27）年、地域防災計画を策定し、震災・風水害対策として死者を6割、避難者を4割、建物の全壊を6割それぞれ減少させる目標を立て、区、区民、事業者など基本的な責務と役割を明記し、全庁あげて取り組んでいる。

　とりわけ、危険な志茂や浮間、赤羽、桐ヶ丘、十条、豊島、王子、田端、西ヶ原などで防災生活道路の整備や一部高台への移転、道路の拡幅などに対し、補助金を交付している。さらに、防災関係機関や救急指定病院、社会福祉施設、避難場所、避難所、防災備蓄倉庫、地震への備え、避難経路、非常持ち出し袋の品目のチェックリストを掲載した防災地図を作成し、全戸配布する一方、自主防災組織を兼ねている全町会（町内会）184に対し、防災訓練を実施したり、地区防災計画を策定したりする場合、1町会当たり年間20万円を補助している。

　このほか、1981（昭和56）年以前の老朽化した木造住宅を対象に無料の耐震診断を実施し、耐震設計や改修、建て替えに対し、20万〜100万（高齢者等世帯は150万円）を上限に費用の全体の3分の2を補助している。さらに、2016（平成28）年度、「ちいきづくり応援団」および政策提案協働事業の参加者の募集、防災勉強会・セミナーへの講師無料派遣事業、救命救急講座など、基本構想（総合計画）の基本理念である「区民とともに」を踏まえ、各種事業を展開している。

　また、消防団や事業者による応急対策、河川などの整備や液状化、緊急輸送路沿道の建築物の耐震化、エレベーター閉じ込め防止、落下物、家具類の転倒・落下・移動の防止、火災の拡大防止、危険物施設や高圧ガス、毒物施設などの安全化、消火・救助・救急・警備活動、河川・砂防施設などの応急・復旧、安全な交通ネットワーク、電気、ガス、水道等のライフラインなどの確保、緊急輸送ネットワークの整備、道路・橋梁の応急対策を講じている。また、ヘリポートを2〜3か所整備する予定である。

また、災害時には近隣の大学附属病院などの協力を得る予定など、防災のまちづくりを推進している。

　同時に、政府や都、自衛隊、JR、NTT、さらには23区および山形県酒田市や群馬県前橋市、甘楽(かんら)、中之条町、埼玉県川口市などと災害時相互応援協定を締結しているのをはじめ、区民による防災力の向上や地域による互助[*5]、消防団の体制の強化、事業者による自助・互助、ボランティアとの連携、小・中学校の防災対策などの予防対策を講じている。

　さらに、災害時、交通規制や防災用船着場の運用、庁舎の予防・応急・情報通信・医療救護・行方不明者の捜索・遺体の搬送・見守りの確認、火葬許可、帰宅困難者対策、避難誘導、高齢者や障害者、乳幼児、妊婦、生活保護世帯、ホームレス、外国人などの要援護者・要配慮者の自助・共助への支援、福祉避難所の指定・運営および支援、食料・飲料水などの備蓄、支援物資の配給、放射性物資対策、区民生活の早期再建、瓦礫・ごみ処理、避難生活への支援を行う。さらに、義援金・支援金の募集・受付・配分、公租公課の減免、職業のあっせん、市街地の復興を図るとしている。

　風水害対策では荒川などの河川の改修や排水場、応急ポンプ、救助艇や土のう置き場の整備、高潮対策、急傾斜地などの防災対策、浸水・気象情報の把握、広報、災害時の避難場所の特定、区職員および地域の防災力の向上、防災訓練、危機管理体制の整備、水防活動計画の策定、避難対策、福祉避難所の運営、支援物資の輸送対策などに努めている。

[3] 防災福祉

　2007（平成19）年から2016（平成28）年度までの10年間にわたる地域保健福祉計画（地域福祉計画）を2017（平成29）年に改定する一方、区社協の第三次地域福祉活動計画と連携する形で、「健やかに安心してくらせるまちづくり」という基本理念を継続する予定である。

　目標を(1)健康でいきいきとした地域社会づくり　(2)ともに支えあう地域社会づくり　(3)安心して自立した生活が送れる地域社会づくりとしている。

　防災行政無線などの整備や災害時の備蓄の更新・配備、消防団の育成、

地域防災組織の立ち上げ、災害時相互応援協定締結の自治体との連携の強化、企業やボランティア団体との防災協定の充実に努めている。

また、要介護3以上の高齢者や1～2級の身体障害者などの要援護者（要配慮者）名簿に登録された者の個別支援プランを作成し、区独自のあんしん見守りネットワーク事業や、社会福祉士、保健師、主任ケアマネジャー（主任介護支援専門員）など6人の職員のほか、上記の有資格者である見守りコーディネーター（登録ボランティア）1人の計7人からなる高齢者あんしんセンター（地域包括支援センター）計15か所を設置し、ボランティアや民生委員・児童委員、警察・消防署、町会、自治会、社協などと連携し、2016（平成28）年3月現在、135団体が登録している「おたがいさまネットワーク」、および介護予防・地域支援事業、配食サービスなどを通じ、その健康状態や安否確認を定期的に行っている。また、災害時、福祉避難所である社会福祉施設に避難誘導し、安全の確保に努める。

さらに、この高齢者あんしんセンター（地域包括支援センター）と区内の特別養護老人ホーム計10か所、区外7か所などと連携し、地域保健福祉計画（地域福祉計画）として民生委員やボランティアによる地域見守り・支えあい活動促進補助事業などに取り組んでいる。このほか、高齢者を対象に、特別養護老人ホームなど社会福祉施設でボランティア活動をした場合、その活動ごとにポイントを付与し、商品券と交換できる高齢者いきいきサポーター制度を導入し、2017（平成29）年度からの向こう10年間にわたる第三期の計画の策定を控え、これまでの事業の進捗状況の評価を行っている。

一方、区社協は2014（平成26）年、2018（平成30）年度までの向こう5年間にわたる第三次地域福祉活動計画を策定し、「誰もが安心して暮らせるまちづくり」を基本理念に掲げている。

具体的には、「地域の中でわかりあい、つながり、参加できるしくみをつくる」、「地域の中で一人ひとりの思いに寄り添った支援をする」、「地域の中で『孤立』にアプローチする」、「地域の中でさらに活躍できる社協になる」の計四つの基本目標を添え、補助事業として在宅の高齢者や障害者、子育ての保護者を支援する地域ささえあい活動や友愛ホームサービスを実施している。そして、桐ヶ岡や豊島など4か所でふれあい・いきいきサロンの運営に加え、地域福祉

活動フォーラム（仮称）の開催や小地域福祉活動の展開拠点の設置、地域に向けての福祉教育プログラム推進支援の展開、アウトリーチ型相談・事業の展開、サロン事業の充実、地域福祉コーディネーターによる支援強化などに取り組むとしている。

このほか、防災関係では災害ボランティアセンターの広報啓発や災害時のボランティアコーディネーター力の強化、災害対策地域懇談会（仮称）の実施などをあげている。

このうち、地域福祉コーディネーターによる支援の強化は2015（平成27）年度、区の補助を得て、東十条・神谷地区に社会福祉士の職員をコミュニティソーシャルワーカー（CSW）として常駐させ、町内会や自治会、民生委員・児童委員、ボランティア、高齢者あんしんセンター（地域包括支援センター）などと連携し、住民懇談会などを通じ、小地域福祉活動のモデル事業に着手しているものである。

[4] 特徴的な事業

1984（昭和59）年、全国で4番目、23区で最初に西ヶ原に設置した防災センター（地震の科学館）は、区民はもとより、区外の社会人や学生、さらには修学旅行で上京した高校生らが、災害時の救援や捜索、応急対策の様子をミニチュアで表した災害図上訓練セット、食料・飲料水や簡易トイレ、被災者脱出装置、非常用持ち出し袋やAED（自動体外式除細動器）、人工呼吸の使用キットの見学や東日本大震災クラスの地震の体験を学べる一大センターとなっている。

「幸い、地元の区民をはじめ、東京へ修学旅行にきた中・高生が社会勉強にと見学に訪れることもあり、年間2万人の利用者を数えています」とは渡辺成志所長（**写真3-8-1、2**）

また、地域福祉の観点よりボランティアによる地域見守り・支えあい活動促進補助事業では、区が2012（平成24）年度、一人暮らし高齢者などの見守り活動を行っている町会、自治会に対し、その活動費として向こう3年間、見守りの対象の高齢者数に応じ、初年度30万〜100万円、2〜3年目15万〜50

写真3-8-1(上) だれでも防災を学べる防災センター
(北区滝野川の北区防災センターにて)
写真3-8-2(下) 救命救急にも力を入れている北区
(北区滝野川の北区防災センターにて)

万円を上限に補助金を交付し、2016(平成28)年3月現在、計54団体に対し、総額1,291万円に上っている。この結果、一人暮らし高齢者などの見守り活動は毎年、各地区に広がりつつある。

しかも、本来、4年目には補助金の交付を停止し、自主運営に転換してもらうことになっているものの、ただちに自主運営できるところはほとんどない。このため、4年目以降も補助金の交付の申請を認めており、54団体のうち、10団体は4年目を迎えたものの、年間7万5,000～25万円補助を継続している。

具体的には、一人暮らし高齢者などの見守り活動はもとより、災害時の避難経路の確認や災害マップの更新、防災訓練、防災用品の配布、緊急連絡先などの情報収集、個人カードの作成、災害時要援護者(要配慮者)マップの活用などで、年々、自主防災組織として充実しつつある。また、これとは別に、区の補助を受けず、同様に活動を自主運営している「おたがいさまネットワーク」もあるため、これと合わせればほぼ全地区を組織化している。

ただし、介護保険事業など民生費を中心に、財源の必要度が年々増えているほか、地域活動は本来、住民の自助や互助が望ましいため、今後もこのような補助事業を続けるべきか、見直しを検討せざるを得ない情勢である。

[5] 当面の課題

　まず第一は、地域保健福祉計画（地域福祉計画）および地域福祉活動計画と地域防災計画を一体化、または連動して策定し、区内19か所の地域振興室などを小地域福祉活動の拠点として併設、およびコミュニティソーシャルワーカーを配置したい。そして、「限界集落[*6]」化している赤羽台、桐ヶ丘、王子西などを筆頭に町会や自治会、商店会、自主防災組織などと連携して活性化し、かつ平常時や災害時、住民、とりわけ、高齢者や障害者、乳幼児、妊婦、生活保護世帯、ホームレス、外国人など要援護者・要配慮者、さらには帰宅困難者も避難誘導できるよう、自助や互助のネットワーク化を図りたい。

　また、その避難場所については公共施設だけでなく、葛飾区のように都市計画の手法を活用し、備蓄倉庫などを併設した民間建築物の場合、高さ制限を緩和し、緊急避難場所や避難ビルに加えることも検討したい[*7]。

　第二に、北区防災センターの屋上庭園を災害用ヘリポートとして整備し、近隣の救急指定病院と提携し、ドクターヘリによる救命救急医療や遭難者の救出・捜索など、陸、川、空からの三面による防災福祉に取り組みたい。その際、周辺の救急指定病院と協定を結び、救命救急医療にも努めたい（**写真3-9**）。

　第三に、地域防災計画では富士山（標高3,776メートル）や箱根山（同1,438メートル）、浅間山（同2,568メートル）の噴火に備えた火山噴火対策を講じていないが、江戸時代、富士山や浅間山の噴火で火山灰が降り注ぎ、大飢饉となったため、都と連携し、その対策を講じたい。それというのも、富士山の火山防災計画では東京にも2〜10センチの火山灰が降下するおそれがある、とされているからである[*8]。

　また、約110キロメートル北東にJOC東海発電所をはじめ、中部電力浜岡原発もあるため、万一の事故の際、単に北区だけの問題ではなく、首都機能の不全に直結し、国家存亡に関わる重大な問題に及び兼ないため、その対策も検討したい。

　なお、上述したように、現在、5か所に分散し、かつ老朽化している庁舎は10年後をメドにJR王子駅周辺に移転し、統合する構想で、その際、新庁舎が地域防災の拠点となるよう、検討しているが、王子周辺はかつて台風によ

写真3-9　災害用ヘリポートを整備したい防災センターの屋上庭園（北区防災センターにて）

る豪雨で2メートルも浸水した低地であるため、高台にある現在地での改築は考えられないのか、また、その場合、建蔽率や容積率、あるいは高さ制限があるのかどうかも含め、再検討する余地もあるように思われる。

3. 静岡県焼津市

[1] 地勢

　焼津市は静岡県のほぼ中央部に位置し、東は駿河湾、西は藤枝市と島田市、南は大井川をはさみ吉田町、北はわずかの丘陵部を境に静岡市と接している志太平野の平坦地である。主な産業は水産業で、全国屈指の遠洋漁業基地の焼津をはじめ、計三つの漁港がある。旧大井川町には航空自衛隊静浜基地

もある（**地図3-2**）。

行政体としては、1889（明治22）年、焼津村が誕生し、1951（昭和26）年、焼津市となった。そして、2008（平成20）年、大井川町を編入合併し、新・焼津市となった。行政区は小川、焼津、豊田、大井川など計7か所に分かれている。

総人口は2010（平成22）年現在、14万6,770人で、全行政区のうち、小川、焼津、豊田に集中している。高齢化率は23.5％、また、一人暮らし世帯を含む高齢者のみ世帯は7,845世帯、要支援・要介護高齢者は6,210人となっている。障害者は617人だが、生活保護世帯は575世帯である。

地図3-2　焼津市の位置

出典：©Google 2017

しかも、2010（平成22）年以降、年々減少しており、今後、10年ごとに1万人ずつ減少し、2040（平成52）年には12万8,686人となるなど少子高齢化が進み、高齢化率は35.65％に上昇するものと推計されている。

地形は、大井川と瀬戸川が太平洋に注ぐ海抜0～3メートルが約15.5キロメートルの海岸線を持つ低地とわずかな山地からなる。しかも、駿河湾から遠州灘にかけ、駿河トラフや南海トラフ、糸魚川－静岡構造線、中央構造線、富士川河口断層帯など多くの活断層があり、内陸直下の地震に見舞われている。

現に、1498（明応7）年の明応地震、1707（宝永4）年の宝永地震、1854（嘉永7）年の安政東海地震、1935（昭和10）年の静岡地震、1965（昭和40）年の同市を震源とする直下地震、2009（平成21）年の駿河湾地震、2011（平成15）年の静岡県東部地震などが続発しており、そのつど、多くの死傷者や家屋の全壊、床上浸水を出している。そのうえ、南海トラフを震源とするマグニチュード9.1クラスの巨大地震が発生した場合、震度6強、または7の揺れが想定されており、浸水の範囲は最大14.3平方キロメートル、また、津波は17～25分以内に最大9～10メートルで、沿岸部の市街地の7割が浸水するおそれがある（**写真3-10**）。

写真3-10　海抜ゼロメートル地帯が多い焼津市（焼津漁港にて）

　このほか、南西約20キロメートル先に中部電力浜岡原発を控えているため、避難計画を策定し、原発事故などの災害時、周辺自治体と連携し、住民の避難誘導を講ずるとしている。

[2] 災害対策

　市は、47都道府県のなかでももっとも防災行政に力を入れている静岡県の指導や補助のもと、九つの行政区を11地区に細分化し、2014（平成26）年、地形上、公共施設などの高台への移転は平地がほとんどで困難なため、「海とともに生きる」をスローガンに、全国初の津波防災地域づくり推進計画のなかで必要な対策を講じている。また、翌2015（平成27）年、地域防災計画を策定し、地震、津波、震災、風水害、大火災、原子力災害の計六つの災害に対し、災害予防、応急対策、復旧・復興対策について詳細に講じるとしている。

　具体的には、災害予防対策では、明治以降、これまでの護岸のかさ上げや津波防災ステーション、津波緊急退避施設、築山などの整備を受け、市の危機管理室と全国瞬時警報システムや県のデジタル防災通信システム、県防災センター、志太消防本部などと結ぶ通信施設や屋外同時無線計183か所、「やいづ防災メール」を整備、普及させる。また、洪水・土砂災害ハザードマップを作成し、全戸配布するほか、ブロック塀の撤去や生け垣づくりへの補助金の交付、防災資機材、道路・鉄道の整備、学校や主要道路などにおける津波避難階段、鉄筋コンクリート製、3階建て、60〜100人収容の津波避難タワー

計21基の設置、3階建て以上の事業者の避難ビル計315棟、高台公園計1,100平方メートル、各所における津波避難経路、津波避難掲示板計1,000か所、ヘリポート数か所の整備を進めている。

このほか、高齢者宅における耐震シェルター設置への補助、防災訓練、自治会併設の自主防災組織へ補助金の交付、事業所の防災活動、住民および事業者による地区内の防災活動の推進、ボランティア活動、高齢者や障害者、乳幼児、妊婦、生活保護世帯、ホームレス、外国人など災害時要援護者・要配慮者の支援、救助・救急活動、応急住宅、複合災害・連続災害などを講ずる（**写真3-11**、**写真3-12**、**写真3-13**）。

これに対し、応急対策では市および関連機関による災害対策組織や動員・応援、通信施設の整備、広報、災害救助法の適用、避難勧告など判断・伝達マニュアルの策定、避難・救出、愛玩動物の保護に努める。また、食料・飲料水や衣料などの生活必需品や給水、福祉避難所の設置、応急仮設住宅および住宅応急修理・医療・助産、防疫、清掃、遺体の捜索、障害物の除去、社会秩序の維持、輸送、社会福祉、災害警備、消防、応援協力、ボランティア活動の支援、自衛隊派遣および海上保安庁による支援、県防災ヘリコプターへの支援の要請、電力施設災害の応急、県外への脱出などを講ずる。

このほか、復旧・復興対策では資金や激甚災害の指定、被災者の生活再建支援、風評被害の影響への軽減、津波対策あんしん基金の創設などを講ずるとしている。

[3] 防災福祉

地域福祉計画と地域福祉活動計画はこれまで市と社協が別々に策定していたが、2016～32（平成28～34）年における第三次からは一体化し、策定している。

それによると、「地域で育てる、支え合う　ふだんのくらしのしあわせづくり」を基本理念とし、「人創り」、「環境創り」、「しくみ創り」、「基盤創り」の計四つの基本目標を達成すべく、地域の担い手、コーディネーター、リーダー、ボランティアなどの人財育成や地域ネットワークの構築と周知、防災・防犯活動の

写真3-11(左下) 各所に設置されている津波避難掲示板(焼津市内にて)
写真3-12(上) 各所に設置されている津波避難タワー(焼津市にて)
写真3-13(右下) 小学校に設置されている津波避難階段(焼津市にて)

　推進、災害時要援護者・要配慮者避難の体制づくりと強化、社協活動の基盤強化などの重点施策をあげている。

　具体的には、地域の担い手、コーディネーター、リーダー、ボランティアなどの人財育成では　住民に対する地域福祉の啓発や学校における福祉教育、各種イベントを実施する。そして、地域ネットワークの構築と周知では、地域

活動やボランティア活動の啓発や若者によるボランティ活動の活性化、市民と市が創るまちづくりの担い手の育成、地域組織・活動および民生委員・児童委員活動への支援の充実、小地域福祉リーダー研修会の開催、ふれあいネット（見守り活動）および地域資源のコーディネート機能の充実、生活支援コーディネーター事業、交流の場・拠点づくりおよびNPO、市民活動団体への支援を行う。

　さらに、防災・防犯活動の推進および高齢者や障害者、乳幼児、妊婦、生活保護世帯、ホームレス、外国人などの組織災害時要援護者・要配慮者避難の体制づくりと強化では、地区安全会議の設置や自主防災組織の体制の強化、災害時に備え、ボランティアコーディネーターの育成と連携の強化を図る。そして、災害時要援護者・要配慮者支援台帳の整備や福祉避難所の運営マニュアルを作成のうえ、日常生活自立支援事業、および成年後見制度と連携する。このほか、権利擁護センターの開設や法人後見事業、および生活困窮者自立支援事業や外出時の移動支援事業を実施したり、庁内横断支援体制を推進したりする。

　また、各種福祉サービスおよび市民相談体制の充実、共同募金事業および歳末たすけあい募金を通じた助成金の交付、自主財源の確保に努めるとしている。

[4] 特徴的な事業

　自主防災組織の組織率2016（平成28）年現在、79地域で設置されており、ほぼ100％を誇っている。これは自治会、または町内会単位による自主防災会である。

　いずれも、市の補助にもとづき、防災担当役員を設け、その下に消火、救護、情報、避難誘導の各班を設置し、交代で24時間常駐し、平常時は防災知識の普及や自主防災会の台帳の整備、防災訓練、最低1週間分の食料・飲料水の備蓄、愛玩動物の飼育に関わる物資は同5日分、防災資機材の備蓄・点検、危険箇所の点検・把握、自主防災地図・避難計画の作成および各戸配布、民生委員・児童委員、身体障害者相談員など福祉関係団体との連携などを実

写真3-14（左） 地域防災の拠点のコミュニティ防災センター
（三区コミュニティ防災センターにて）
写真3-15（右） 夫婦でコミュニティ防災センターに常駐しているAさん
（三区コミュニティ防災センターにて）

施している。

　そして、災害時、地域の警戒や被害状況の把握・伝達・出火防止・初期消火、救出・救護、避難命令の伝達・避難誘導、要介護3以上の高齢者や身体障害者手帳1、2級、養育手帳A、精神障害者保健福祉手帳1級の障害者などを中心とした避難行動要支援者名簿・要配慮者避難支援プランの作成、給食・給水、県との連携による応急住宅の確保などを行うことになっている。消防団や水防団の充足率もほぼ100％である。

　加えて、市は男女共同参画の視点に立ち、自主防災会のリーダーの養成に努めているほか、市内に自主防災会の拠点としてコミュニティ防災センターを計19か所設置し、地震発生時、緊急避難施設として活用、また、事業者や社会福祉施設などに対しても自主防災会の組織化を要請する。そして、各地区の自主防災会などと連携を図り、従業員や利用者などを事業所や社会福祉施設にとどめるよう、施設の耐震化や機材の固定、必要な物資の備蓄に努めることになっている（**写真3-14**）。

　そのうえで、毎年6月の「土砂災害対応訓練の全国統一実施日」をはじめ、3月11日を含む10日間を「津波対策推進旬間」、8月30日〜9月5日までを

「防災週間」、11月を「地震防災強化月間」、12月第一日曜日を「地域防災の日」、1月15〜21日までを「防災とボランティア週間」と定め、地域防災に努めている。

その一つ、三区コミュニティ防災センターに夫婦で常駐しているAさんは「住民が防災に備えるならお役所任せでなく、自治会員が交代で詰めなくては…。職員だって家族があるのだから」と、同センターのパソコンや自分の携帯電話を生かし、IT(情報通信)にも精通しているところを披露して微笑(ほほえ)んでいた(**写真3-15**)。

[5] 当面の課題

第一は、地域福祉計画および地域福祉活動計画と地域防災計画の一体化により、地域福祉、地域包括、地域防災をキーワードとした一層のダイナミズムを図りたい。なぜなら、地域包括支援センターもいずれ高齢者だけでなく、障害者や乳幼児などに対する社会福祉サービスの必要性が高まってくるからである。

第二は、地域福祉計画および地域福祉活動計画における小地域活動の拠点を九つの行政区および98の町内会・自主防災会との調整を図りたい。これにより、限られた「ヒト・モノ・カネ」をより一層合理的、かつ効率的に防災福祉を推進していくことができるからである。

最後に、第三は、約30キロメートル南西にある中部電力浜岡原発における事故はもとより、富士山噴火への対策、および東日本大震災以降、地震や津波をおそれ、住民の一部が比較的高台に恵まれる隣の藤枝市に転居し、住家の跡地が更地となり、分譲されて

写真3-16 転居した住宅の跡地の分譲が目立つ焼津市内(静岡県焼津市にて)

第3章 防災福祉の先進自治体

いるなど人口の減少に拍車をかけているため、津波避難用のシェルターの整備、およびJR焼津駅前の"シャッター通り"や市街地の空き家対策を講ずべく、地域活性化も考慮した施策を検討したい（**写真3-16**）。このままでは地震・津波をおそれ、自治体そのものが消滅しかねないからである。その意味で、地元静岡県や政府の支援がさらに求められる。

4. 高知県黒潮町

[1] 地勢

　黒潮町は高知県の西南部に位置し、ほとんどが海の近くまで急傾斜地の山や崖が迫る典型的な漁村である。しかも、全体の約83％は山地とあって、住宅地のほとんどは地盤が軟弱な沖積平野の河口部や沿岸部に集中している（**地図3-3**、**写真3-17**）。

　主な産業はカツオの一本釣りなどの水産業のほか、園芸や花卉、葉タバコ、シメジ、エリンギなどの栽培である。

　行政体としては2006（平成18）年、大方、佐賀両町が対等合併し、黒潮町となった。行政区は計六つだが、町内会は計65ある。

　総人口は2011（平成23）年現在、1万3,008人で、65歳以上の高齢者は4,489人、うち要支援・要介護高齢者は920人、15歳未満の年少（幼少）人口は1,061人で、高齢化率は34.51％である。障害者は1,018人、また、生活保護世帯は136世帯である。もっとも、今後、10年ごとに1万人ずつ減少し、2040（平成52）年には高齢化率は2030（平成42）年、47.6％に上昇し、「限界集落」になるものと推計されている。

　地形は沖合の太平洋には黒潮が流れ、南国特有の温暖な地だが、年間平均気温は17度、年間降雨量は2,800ミリと雨が多い。このため、毎年、台風の"通り道"になっている。また、南海トラフ巨大地震やこれに伴う津波や山・

地図3-3-1
黒潮町の位置と役場のある旧大方町

出典：黒潮町HP、2016年

地図3-3-2（左上） 中心部の大方地区（黒潮町上方にて）
写真3-17（下） 沖積平野のため、平地が少ない黒潮町（黒潮町の津波避難タワーにて）

崖崩れなど土砂災害の危険のおそれもある。

　現に、過去、さまざまな災害に見舞われている、なかでも684（天武13）年の白鳳地震は南海トラフ巨大地震の端緒で、被害は大和（現奈良県）にも及ぶなど同地震としては最古のものとされる。また、1854（嘉永7）年、安政南海地震が発生し、県内だけでも372人が死亡した。あまりにも被害が甚大だっ

たのか、今後、100〜150年周期で同規模の地震、およびこれに伴う津波の危険性を警告する碑が地元の神社などに現存している。さらに、1946（昭和21）年の昭和南海地震で32人の犠牲者を出した。

そこへ、向こう30年以内に発生する可能性が70％といわれているマグニチュード9クラスの南海トラフ巨大地震では町全域で震度6強〜と想定され、最大34.4メートルの津波が17〜35分以内に到達し、全域が襲われるほか、山・崖崩れなどの土砂災害が発生すると予想されている。

[2] 災害対策

町は2015（平成27）年、山・崖崩れなどの土砂災害や風水害、火災、原子力、地震、津波などの災害に対し、災害予防、応急対策、復旧・復興対策について計画を策定している。

具体的には、地域防災力の育成や人的被害の発生の未然防止のための避難対策、災害体制の確立などをあげている。

とりわけ、南海トラフ巨大地震では津波が発生して17〜35分後、全国で最も高い最大34.4メートルの津波が押し寄せるとの内閣府の想定に危機感を抱き、2016（平成28）年までに鉄筋3階建てで、最大300人を収容できる津波避難タワー5基を整備した。また、災害用ヘリポート、避難経路などの津波避難対策、老朽化した木造住宅の耐震化、全自動消火装置の整備、地区別の津波の到達時間と高さ、山・崖崩れなど土砂災害の危険個所、最寄りの避難所、家族の連絡先などの記入欄を併記した詳細な地震・津波ハザードマップおよび高齢者、障害者、乳幼児、妊婦、生活保護世帯、ホームレス、外国人などの避難行動要支援者個別計画の作成、さらに町内の各所に津波避難経路の警告版を掲げ、情報の共有を徹底している。

このほか、消防団員の地区担当制、自主防災組織活動への支援、総合訓練の実施に努めている。とくに総合訓練では昼夜を問わず、保育園や小・中学校合同で全町民をあげて他地区の避難所への避難訓練を実施するとともに、訓練終了後の反省会を行っている（**写真3-18**、**写真3-19**）。さらに、高台への住居の移転に対し、その一部を補助することになっている。

[3] 防災福祉

　一方、地域福祉計画と地域福祉活動計画は市と社協が一体化し、2012〜2016（平成24〜28）年、「『おたがいさま』の心で彩る　笑顔あふれるまちづくり」を基本理念とし、「『おたがいさま』のまちづくり」、「『みんなが安心できる』まちづくり」、「『人も地域も元気いっぱい』のまちづくり」を基本目標にあげている。そして、地域での見守りや支え合いの仕組み、ボランティアの育成、交通手段の確保、買い物支援、相談体制の充実、情報共有、災害時への備えの充実、健康・生きがいづくり、バランスのよい食生活の推進、交流の拠点づくり、地域活性化（地域おこし）に取り組むとしている。

　具体的には、区長や民生委員、班長、住民など地区内で役割分担して見守りや支え合いを行うほかボランティアの活用の仕組みをつくる。そしてバスなどの公共交通で町内の商店やスーパーマーケットを利用し、買い物ついでに困っている人に声をかけ、情報を共有したり、区長や民生委員、各種相談機関につなげる。

　さらに、災害時の避難経路の確認や防災訓練に参加し、防災意識を高めるほか、各地区での健康体操や料理教室に参加したり、配食サービスを検討したりする。

写真3-18（上）　各所に設置されている津波避難場所の案内板
（土佐くろしお鉄道土佐入野駅前にて）
写真3-19（下）　駅のホームの津波避難経路の案内版
（土佐くろしお鉄道土佐入野駅にて）

また、互いにふれあい・いきいきサロンなどに誘ったり、町内のイベントや行事に参加し、情報共有して地域を元気にしたいとしている。
　このほか、町の補助事業として「あったかふれあいセンター」を2011（平成23）年から社協に事業委託し、ふれあい・いきいきサロンやデイサービス、放課後児童の居場所、移動手段の確保など介護予防や生きがいづくりの推進、非地上生活の不安解消、多世代交流の場を設けている。

[4] 特徴的な事業

　高知県の指導のもと、地域福祉計画および地域福祉活動計画と地域防災計画を一体化させ、策定している。
　具体的には、公共施設の高台への移転と防災施設の整備で、このうち、前者では東日本大震災を教訓に、海浜部の国道沿いにあった消防署や小・中学校を高台に移転したほか、役場などの公共施設も順次、高台に移す計画である。また、避難経路や津波避難タワー、備蓄倉庫の整備もさらに拡充する。
　一方、全地区に対し、地区防災計画[*9]の策定に努めている。もっとも、財政基盤が脆弱(ぜいじゃく)な同町がこれほどまでに災害対策を進められるのは、町の自主財原のほか、政府の地方交付税交付金や合併特例債、過疎事業債、県の補助金で賄っているからである。裏を返せば、それだけ地震と津波に危機感を抱き、災害対策を最優先している町の姿勢にある（**写真3-20**、**写真3-21**）。
　なかでも住民活動が活発な地区は浜町である。その先頭に立っているのは地区長で、かつ民生委員・児童委員の吉本幸会長（81歳）だ。
　吉本会長は2014（平成26）年3月、震度4となった伊予灘地震の際、日ごろ、訓練していたにもかかわらず、避難の際、多くの住民があわてて、一人暮らしの高齢者など高齢者世帯への支援が置き去りになったことの反省を受け、町内会と合体して組織化している自主防災会を再編成した。そのうえで、地区ごとに地区防災計画を2016（平成28）年度、策定し、班ごとに役員3〜4人を配置する一方、総務情報、水防消火、救出救護、避難誘導、給食給水、備品点検の計6班を編成した。
　そして、高齢者、障害者、乳幼児、妊婦、生活保護世帯、ホームレス、外国

写真3-20（左上） 高台へ移転される予定の黒潮町役場（黒潮町役場にて）
写真3-21（左下） 各所に設置されている津波避難階段（黒潮町にて）
写真3-22（右上） 浜町地区の防災に取り組む吉本会長と明神副会長（黒潮町社協にて）

人など要援護者・要支援者および入院・入所中、さらには外国人別の台帳や要支援者避難訓練カルテをもとに、時間、季節、夜間、町内一斉および保育園、小・中学校合同、また、他地区の避難所への避難訓練と訓練終了後の反省会を行っている。

　その吉本会長は明神里寿副会長と隣り合わせで、自作の夜間避難用ライトを示しながら「訓練にまさる防災はほかにない」とキッパリ。今日も地区を巡回し、住民に災害への備えについて声かけをしたり、各地からの視察への対応に追われている（**写真3-22**）。

[5] 当面の課題

　第一は、今後、さらに少子高齢化および過疎化が進み、「限界集落」はもとより、町全体が「限界自治体」となり、ひいては「消滅自治体」になりかねない。その半面、役場や保育所、津波避難タワー1基、避難経路、「あったかふれあいセンター」の増設のため、総額約47億円の整備資金が必要として政府および県のさらなる支援を求め、防災対策の充実を図るとともに空き家対策を講じ、地域活性化に努めたい。

　第二は、社協の世帯会員の加入率が地方にしては約60％にとどまっているため、その増強を図るとともに他の都道府県や市町村と災害時相互応援協定を結び、災害時、災害ボランテイアの受け入れや派遣などを通じ、「減災」に努めたい。

　最後に、第三は、隣の愛媛県にある四国電力伊方原発は約76キロメートルの距離にあるものの、万一の事故の際、放射能物質の拡散は十分考えられるため、単にその情報を提供したり、物資の備蓄に努めるだけでなく、よりくわしい原発事故への対策を講じたい。

5. 鹿児島市桜島町

[1] 地勢

　桜島町はかつて鹿児島市の市街地の東方約4キロメートル沖に浮かぶ成層火山の離島だったが、1914（大正3）年の大正桜島噴火による溶岩流が大隅半島と陸続きにし、かつ2004（平成16）年、同市への編入合併に伴い、鹿児島市桜島町となった。広さは東西約12キロメートル、南北同10キロメートルで、起伏のある楕円形をしており、中央部に最高峰の北岳（標高1,117メートル）、中岳、南岳の三峰からなっている（**地図3-4**）。

総人口は明治以前、2万人を超えていたが、大正、昭和と爆発を繰り返したため、市内に移住する住民が続出するなど年々減少し、2012（平成24）年現在、4,993人に減っている。高齢化率は約38％だが、火口から最も近い有村など地区によっては同80％という「超限界集落」で、一人暮らし世帯など要援護者として登録されている住民は188人に上っている。

　主な産業は果樹や園芸などの農業と水産業、観光業だが、市営の桜島フェリーが24時間、市内と連絡しているほか、大隅半島の垂水市方面に出ている国道やバス路線もあるため、サラリーマンもいる（**写真3-23**）。

　地形は霧島火山帯に属する火山島で、かつ安山岩など崩れやすく、かつ今なお活発な噴火活動を続けている。その主なものは1476（文明8）年に死者多数の文明噴火、1781（安永10）年の安永噴火では死者150人を超えた。1914（大正3）年には同58人の大正噴火、1946（昭和21）年、同1人の昭和噴火が起こった。

　「住民は桜島の異変を知ったら測候所を信頼しないで直ちに避難せよ」

　大正噴火から10周年を迎えた1924（大正13）年、当時の野添八百蔵村長が東桜島小学校の敷地内に建立した大正噴火の爆発記念碑に、こう記している（**写真3-24**）。

　現在の「噴火警戒レベル」は入山禁止の3のままで、昭和火口から半径2キロメートル以内への入山が禁止されている。このため、市は桜島周辺はもとより、地区の各所に注意看板を出し、住民や観光客に注意を呼びかけている（**写真3-25、写真3-26**）。

[2] 災害対策

　桜島は、実は鹿児島湾（錦江湾）全体が姶良カルデラのなかの一火山にすぎない。このため、1977（昭和52）年、桜島火山活動対策協議会が鹿児島や垂水、霧島、鹿屋の計4市で組織され、活動火山対策特別法および2013（平成25）年に策定した地域防災計画にもとづき、風水害、火山、震災、津波、原子力災害の計五つの災害に対し、災害予防、応急対策、復旧・復興対策について詳細に講じている。

地図3-4（左上）　活火山の島の桜島町
出典：桜島町案内パンフレット、2015年
写真3-23（左下）　鹿児島市に編入合併した桜島町（桜島フェリーにて）
写真3-24（右）　大正大噴火の爆発記念碑（東桜島小学校にて）

写真3-25（右）　立ち入り禁止の案内板（桜島町内にて）
写真3-26（左）　噴石の危険の注意看板（桜島町内にて）

具体的には、桜島火山ハザードマップを作成し、噴火による火山灰の降下などに伴う農作物の被害の防止や軽減、農家の経営の安定および地域農業の健全な発展、砂防や治山、降灰地域での土壌などの矯正や除去施設の整備、資金融資、警戒避難体制、噴石対策、災害用ヘリポート、フェリーなどの定期船や漁船、行政連絡船の桟橋などの整備、災害時要援護者避難支援対策、住民の健康対策などを講じている。

　また、日常的に小噴火を繰り返しているため、島内および島外に防災行政無線を設置し、降灰予報を出して注意を喚起しているほか、万一の場合、最寄りの福祉センターなど指定の避難場所に避難するよう、体制を確立している。さらに、火山灰の除去のための車両や散水車を消防署に配置するとともに、専用の処理袋を住民に配布し、指定の処理置き場への集積を要請している。

　そして、ヘルメットや懐中電灯、非常食、充電式携帯ラジオなどを準備し、万一の際、島内の場合、徒歩やバスで避難所、島外の場合、フェリーやバスで市街地へそれぞれ避難するよう、24時間体制で桜島の動向を観測、警戒に当たっている京都大学防災研究所など関係機関と連携し、その情報収集に努めている。

　このほか、九州電力川内原発の事故に備え、必要な情報の収集や連絡体制、避難収容活動体制、救助・救急、医療、消火、防護機材の整備、住民への的確な情報伝達、防災訓練の実施、緊急事態応急や複合災害時対策等に努めるとしている。ちなみに、自主防災組織の組織率は2016（平成28）年現在、市内全体でほぼ80％に達している。

[3] 防災福祉

　市は2012（平成24）年、第3期地域福祉計画を策定し、「みんなでしあわせ　みんながしあわせ　支えあうまち　かごしま」を基本理念に「地域住民の立場に立った福祉サービスの充実・向上」、「地域による福祉活動の推進」、「地域における福祉と関連分野との連携」、「地域におけるバリアフリーの推進」を基本目標に掲げている。そのうえで、市内を桜島など計9地区に区割りし、各地区の特性や住民のニーズに応じて地区福祉計画を策定し、地域福祉ネッ

トワークによる相談体制づくりや要支援者の家族などに対する地域でのケア、福祉マップの作成、在宅介護や応急手当などの講習会や研修会、高齢者や障害者などの自立支援、自治組織の活動への支援、ボランティアコーディネーターなどの人材の掘り起こし、社会資源を利用した交流の場づくり、民生委員・児童委員を中心とした見守り体制の充実・連携、高齢者、障害者、乳幼児、妊婦、生活保護世帯、ホームレス、外国人など災害時要援護者の支援体制の充実などに取り組むとしている。

　このうち、桜島地区の地区福祉計画では高齢者や子育ての保護者への支援や住民相互の交流やボランティアの確保、小地域ネットワークの構築、災害時要援護者への避難支援、さらに、島内を一周する幹線道路に沿って集落が点在するため、バスとフェリーなどの乗り継ぎによる住民の負担の軽減を図るため、関係機関と連携したアクセスの改善などに取り組むとしている。

　これに対し、市社協は2014（平成26）年、第三次地域福祉活動計画を策定し「みんなでつくろう　すみたいまち　しあわせなまち　かごしま」を基本理念とし、「みんなが笑顔でふれあえるまち」、「みんなで支えあう　すみたいまち」、「みんなの参加できずく　しあわせなまち」の三つの目標を立て、町内会を単位とした計72の校区社協により、ふれあい・子育てサロンで高齢者などの見守りや子育て支援の活動の拡充や地域交流活動の支援、福祉ネットワーク造りの活動の推進、福祉マップの作成、在宅生活支援事業の充実、ボランティアセンター事業の拡充、地域福祉活動推進の担い手の育成、公共・民間施設の有効活用、財政基盤の整備などに取り組んでいる。

[4] 特徴的な事業

　噴火によって降下する噴石などに備えたシェルターが浅間山など12の国内の活火山しか設置されていないが、桜島には計21基設置されており、防災訓練を頻繁(ひんぱん)に実施している。しかも、その構造は直径10センチ程度の噴石が時速300キロの猛スピードで直撃しても耐えられる、という。

　また、住民のなかには独自にシェルターを自宅の敷地内に設け、自衛している者もいる。裏を返せば、それだけ頻繁に噴火を繰り返しているということで

写真3-27 路線バスの待合所に設置されているシェルター（国道224号線バス停にて）

写真3-28 シェルターを整備したものの、持ち主が転出して空き家になった住宅（有村地区にて）

第3章 防災福祉の先進自治体

写真3-29 人口減少を嘆く住民（有村地区にて）

ある。このため、日常的な火山活動に耐え兼ね、市街地に移住して空き家になっている地区も少なくない（**写真3-27**、**写真3-28**）。

その地区の一つ、有村地区の男性は「この島で生まれ、この島で桜島ダイコンなどを栽培して80年経ったが、ご覧のとおり、年中、桜島が噴火活動をしているため、いつ、何時（なんどき）、大爆発があるかも知れない。それでも、先祖の土地を手放すことはできないので、そのときはそのときで覚悟はしている。鹿児島市内で所帯を持っているサラリーマンの息子に今さら農業を継げともいえないので、女房とこの島で人生をまっとうすることになる」と苦笑する。

ただし、「幼友だちとは死別したり、市内の老人ホームに入ったりで、かつてのふれあいはない」と寂しげに話していた（**写真3-29**）。

[5] 当面の課題

第一は、地域福祉計画の9地区と地域福祉活動計画における72校区を再編し、かつ地域福祉計画と地域福祉活動計画、さらには地域防災計画と一体化して策定し、地域福祉と地域防災をさらに推進したい。とりわけ、桜島町における計画の一体的な策定は緊急を要するのではないか。

第二は、ここ5年間、自然死や島外への転出により、人口が約1割も減少して過疎化が進み、空き家対策の問題も浮上しているため、今後も島内に居住しても安全・安心を確保すべきか、それともいっそ市街地への集団移転を決断するか、行政と島民は十分話し合って善処したい。現状では少子高齢化や人口減少に伴い、島自体の自立は困難ではないかと思われるため、地元鹿児島県や政府ともども早急に検討されたい。

最後に、第三は、九州電力川内原発とは50キロメートルしか離れていない

ため、万一、原発事故があった場合、放射性物質の汚染は大丈夫なのか、地域福祉計画と地域福祉活動計画ではほとんど言及していないが、2016（平成28）年7月の知事選挙で、川内原発の停止を公約に当選した知事は同年8月、九州電力に対し、熊本地震を受け、2015（平成27）年、再稼働した1～2号機の安全の再点検および原発に頼らない社会をめざすよう、申し入れた。

　これについて、一部に自治体の法的権限はないとの見方があるほか、九電は政府の後押しを受け、応じない方針のため、知事は再稼働を容認する姿勢に変えたため、公約違反だと反発の声が上がっている[*10]。地元住民の意向を無視しての再稼働は日本国憲法に定めた地方自治の本旨に反するものであるため、地域防災計画の見直しと併せ、廃炉すべきである。それというのも、原発から半径30キロメートル圏内にマグニチュード7.0～7.3クラスの地震を起こす五反田川断層が新たに発見されたからでもある[*11]。

　ちなみに、地元薩摩川内市の場合、2015～2019（平成27～31）年度の第二期地域福祉計画および地域福祉活動計画を一体的に策定し、計49の地区コミュニティ協議会などの活動を通じ、高齢者や障害者などの見守りネットワークや災害ボランティアの育成・支援に取り組んでいる。また、地域防災計画はもとより、原子力防災計画も策定し、川内原発の事故を想定した広域な避難対策などを講じている。

　ただし、地域福祉計画と地域福祉活動計画、地域防災計画および原子力防災計画は一体的に策定されてはいない（**写真3-30**）。このため、この点も併せて早急に検討したい。

写真3-30　再稼働ストップの住民訴訟も出ている川内原発（薩摩川内市にて）

注

* 1 　自分の住む地域で発生するかもしれない災害をより視覚的にとらえるため、ゲーム感覚で災害時の対応を学ぶ訓練。
* 2 　「上毛新聞」2016年8月10日付。
* 3 　周辺の川の砂泥や畑の土が風で巻き上げられ、降り積もってできたとの異説もある。
* 4 　「朝日新聞」2015年9月19日付朝刊。
* 5 　北区では「共助」としているが、上述したように、この場合、正式には互助というべきである。
* 6 　集落の高齢化率が50%を超え、農林水産業や日常生活の共同体の機能が希薄化すると立ち行かなくなるという現象。大野晃が命名した概念。川村著『脱・限界集落はスイスに学べ』農文協、2016年。
* 7 　「朝日新聞」2016年2月5日付。
* 8 　内閣府「富士山の火山防災対策」2012年。
* 9 　住民が災害対策を地区の特性に応じ、よりきめ細かく進めるため、策定する防災計画。
* 10　「朝日新聞」2016年12月8日付。
* 11　政府地震本部「地質調査研究推進本部」発表、2013年。

第4章

海外最新事情

1. スイス

[1] 国勢

　スイスはヨーロッパのほぼ中央に位置し、世界屈指の"観光立国"として知られているが、その災害対策も世界のいずれの国よりも抜きん出ている。そのベースになっているのは、過去、幾多の戦争を経験した国防のための有事への体制がベースにあるとはいえ、"災害列島"の日本にとって示唆的である。

　建国は1291年だが、国土が約4万1,290平方キロメートルとほぼ九州と同じ広さしかなく、その7割はアルプスなどの山岳部で、ドイツやフランス、イタリアなどの強国にはさまれている。このため、基幹産業は山林業や牧畜業で、ローマ教皇やフランス王家の傭兵（衛兵隊）、またドイツへ農業の出稼ぎをしたり、移住したりして経済を支えた。

　それでも、1291年、スイス誓約者同盟を実現したが、弱小国に変わりはなく、14世紀、オーストリアのハプスブルグ家の支配下となり、16世紀、神聖ローマ帝国の一部となった。このため、これらの国境の山岳や谷、断崖に兵舎やトーチカ（防御陣地）、弾薬庫を設置して国境警備隊を配置した（**写真4-1**）。

　その後、1648年、ウェストファリア条約により神聖ローマ帝国から独立したほか、1815年のウィーン会議で「永世中立国」として認められた。同時に、20〜50歳の男子に最低1年の兵役の義務を課し[*1]、有事の際、職業軍人や予備役、民兵[*2]計約50万人がライフル銃や自動小銃、弾薬を

写真4-1　断崖に設置された弾薬庫（山裾の白いトンネル状の建物）（インターラーケン〜テーシュ間にて）

携帯して出動し、反撃する態勢を整え、東西の冷戦が終わった今もこの国民皆兵制は続けている（**写真4-2-1、写真4-2-2**）。

それだけではない。連邦政府は1962年、官公庁や学校、駅、博物館などの公共施設やホテル、レストラン、レジャー施設、さらに50人以上で共同生活するアパートなどの集合住宅や民家にそれぞれ厚さ約20センチでハッチ付きのコンクリート製核シェルターを設置し、食料・飲料水や生活用品を1か月分以上備蓄する義務を課すことになった。その費用の75％は連邦政府が中心となって補助する、というものだった。

写真4-2-1（上）　一般の乗客に交じる職業軍人（写真右手前）
（テーシュ〜ツェルマット間の登山電車内にて）
写真4-2-2（下）　兵役の訓練を終えて帰宅する青年たち
（連邦政府鉄道（SBB）ベルン中央駅にて）

さらに、1969年、民間防衛[*3]への参加や運営などのノウハウを解説した『民間防衛』を作成して全戸配布し、平常時から地区ごとに攻撃、消防、救護、負傷者の救護・搬送、炊き出し、連絡、広報、道路の復旧、社会秩序の維持などの任務を課し、訓練を重ねて有事に備えるよう、全国民に指示した。もっとも、この義務はその後、東西冷戦がなくなったため、2006年、民家での核シェルターの設置に限り任意となった。

しかし、多くの国民は現在も核シェルターを任意で自宅に設置し、ふだんは倉庫などとして使用するものの、食料・飲料水や医薬品などの生活用品のほか、ライフル銃や自動小銃、弾薬[*4]、簡易シャワー・トイレ・ベッド、空気清浄器、自家発電機などを常備し、有事に備えている。その数は約650万世帯に及ぶほか、病院などにも計約10万ベッド分あり、世界一の普及率である（**写真4-3-1、写真4-3-2**）。

また、1920年、国際連盟に加盟したのち、1996年、NATO（北大西洋条約

写真4-3-1（左上）　民家に設置された核シェルター（ヴィンターセンの知人宅にて）
写真4-3-2（右上）　簡易ベッドと自動小銃を備えたシェルター内部（グリンデルワルトの知人宅にて）
写真4-4（左下）　仙台市で開催された国連防災世界会議（仙台市にて）

機構）にも参加したものの、先制攻撃のための武器は絶対に使用しないことを国是としている。

　そればかりか、第二次世界大戦後、人道援助[*5]に努めるべく、ジュネーブに国連欧州本部（パレ・デ・ナシオン）やジュネーブ軍縮会議（CD）、赤十字国際委員会（ICRC）、国際防災戦略（UNISDR）など計15の国連および国際機関を誘致し、かつ連邦政府の高官を国連職員として送り込むとともに、その運営資金を拠出するなど国際平和に貢献することになった。2005（平成17）年、神戸市、2015（平成27）年、仙台市でそれぞれ開催された国連防災世界会議もその活動の一つである（**写真4-4**）。

　そこで、「将来、万一、核戦争になっても生き残ることができるのはアメリカ人とスイス人だけ」といわれるゆえんだが、このような国防は災害対策にもなっている。

　19世紀、イギリスの王族貴族や富裕層がアルプスの景観美に魅了され、頻

繁に訪れるようになって以来、ヨーロッパの各国の庶民にもその存在が知られるようになり、農家は伝統的な牧畜業や林業に加え、ホテルやシャレー（貸別荘）、レストラン、土産品店などの観光業を兼業したり、転業したりするなど観光業によって雇用創出した。また、移住者によって時計産業が紹介され、国内経済は飛躍的に拡大し、イギリスに次ぎ、ベルギーとともに世界で2番目に産業革命を遂げたほか、その後、金融業も活発化し、これらの外貨がその税源となった。

総人口は2015年3月現在、約803万人と相変わらず小国だが、スイスは世界の158か国中、最も裕福で、かつ幸福度の高い国として国際社会に知られるまでになった[*6]。

[2] 災害対策

ところで、地球上のプレートの大半は太平洋の地底で、マグマの噴出によって地震や津波、火山の噴火を生じているものの、そのほとんどは環太平洋地震帯からインドネシア、ヒマラヤ、地中海へと続くユーラシアプレートの南縁、およびイタリアの中部と南部にある。このため、これらの地域は地震帯となっているものの、アルプスの造山活動はほぼ終息しているため、スイスでは地震や火山の噴火の懸念はなく、山・崖崩れや雪崩、洪水などのおそれがある程度である。

実際、20世紀以降、世界で死者・行方不明者計5,000人以上を記録した主な自然災害はいずれもアジアや南米が中心で、スイスではそのような大規模な自然災害は皆無である（図表4-1）。

また、国別の自然災害指標をみてみても、日本は被災可能性が世界第1位、（図表4-2）また、地震の頻度や年平均の被災による死亡者も同4位だが、スイスはいずれにもランキングされていない。

事実、スイス国内の過去の自然災害をみても、マグニチュード6.5を記録し、中世の古城や教会、塔などが倒壊した1356年のバーゼル大地震のほか、1999年、アルプスで雪崩、また同年にはロタールで暴風雨、2005年、アルプスの河川で洪水が発生したものの、計37人が死亡した程度である。

図表4-1　20世紀以降の世界の自然災害（数字は死者・行方不明者数）

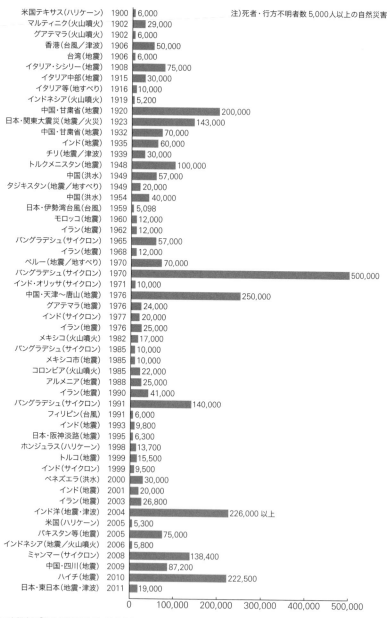

出典：内閣府編『防災白書（平成22、24年版）』2012～2013年

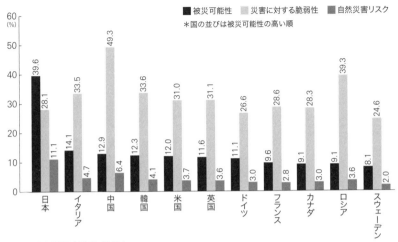

図表4-2　主要国の自然災害指標

出典：防災科学研究所HP、2013年

　また、耐震建築の基準を定めているのはバーゼル州とヴァレー州の2州しかなく、「スイスでバーゼルと同様の地震が起こる確率は1000年に1度」といわれている。このため、スイスで防災用品を販売している店などどこへ行ってもまず見かけない（**写真4-5**）。

　それでも、連邦政府は万一に備えるため、河川法や連邦森林法、連邦土地利用計画法などにもとづき、自然環境の保護や天然資源の持続可能な活用に努めるべく総合的な災害法制を整備し、アルプスなどの山岳部や断崖、急傾斜地にトンネルや砂防ダム、防護柵、側溝などを設置し、山・崖崩れ、雪崩、洪水などに備えている（**写真4-6**、**写真4-7**、**写真4-8**、**写真4-9**）。

　また、スイス連邦鉄道（SBB）の各駅の構内や地下街には戦車など軍事用の車両やパトロールカー、消防車、救急車などが市街地からそのまま出入りができるよう、フラットに設計されているほか、客車には災害時、乗客が即座に車窓を破砕して車外に脱出できるよう、ハンマーを取り付けている（**写真4-10**、**写真4-11**、**写真4-12**）。もとより、民間鉄道の各社も連邦政府の補助を受け、沿線に兵舎やトーチカ、弾薬庫を建設し、兵士や武器、弾薬を送り込むルートとして建設し、官民一体によって災害対策を講じている。

写真4-5（左上） 地震帯や活断層、活火山がないスイス
（リッフェルゼーにて）
写真4-6（右上） 山・崖崩れ、雪崩防止用の防護柵（下部）
イメージ（クライネシャイデックにて）
写真4-7（右中） 断崖の軌道の防護柵
（ヴェンゲン～クライネシャイデック間の登山鉄道にて）
写真4-8（左下） 山・崖崩れ、雪崩用の防護柵（帯状のもの）
（ラウターブルンネン上部にて）
写真4-9（右下）砂防ダム（奥）と洪水用の側溝
（ラウターブルンネンにて）

写真4-10（上）　市街地から出入りができる駅の構内（SBBチューリヒ中央駅構内にて）
写真4-11（左下）　客車内に設置されたハンマー（サンモリッツ～ベルン間のSBB車内にて）
写真4-12（右下）　車窓に取り付けてあるハンマー（ベルン～インターラーケン間のSBB車内にて）

　一方、連邦政府および州政府（カントン）はすべての基礎自治体（ゲマインデ）[*7]に対し、避難所の建設を義務づけており、その際、費用の75％は主として連邦政府が負担している。

　また、国民に対し、民間保険会社、または州営保険会社の火災保険とセットした自然災害保険への加入を義務づけ、両保険会社は保険業法および各州法にもとづき、毎年、州政府や基礎自治体の救助隊や防災対策費を補助して

いる。

　しかも、その加入率は100％で、山・崖崩れなどの土砂災害や雪崩、洪水、風水害への補償も行っている。そして、災害の発生後、警察署や消防署、医療機関の関係者が現場に急行するほか、被災地で消防と民間防衛隊が第一次派遣、地域の民間防衛隊や病院、その他協力者が第二次派遣、軍が第三次派遣としてそれぞれ出動し、消防、救護、負傷者や病人の看護・搬送、炊き出し、連絡、広報、道路の復旧、社会秩序の維持などに努めることになっている。

　一方、国民の4人に1人は「REGA（スイス航空救助隊）」に対し、年間27スイスフラン（約2,970円）を支払って会員となり、ドクターヘリによる救命救急医療の要請ができるよう、備えている。これは1952年、連邦政府の補助を受けて設置されたスイス救助協会（SLRG）の関連団体として分離、独立した会員制のNGOで、連邦政府の補助を一銭も受けず、運営している非政府機関である。

　具体的には、チューリヒ国際空港に本部を併設するとともに、国内に34の支部および計13の基地を設け、本部に航続距離約6,500キロメートルを誇る救命救急専用のジェット機5機、各基地にストレッチャーの患者を最大6人収容可能なドクターヘリ15機を分散し、待機させている。そして、元スイス空軍のパイロットや救助隊員、医師、看護師、通訳など計270人が3人1組となり、24時間交代制で常駐し、本部のオペレーションセンターが会員の要請を受けると、心電図や人工呼吸器、臓器、血液、血清、医薬品を用意した救助隊員や医師、看護師、通訳などを乗せ、各基地のヘリポートや校庭、河川敷、アルプスの遭難現場に急行、被災者など急患を収容し、機内で応急措置を講じつつ、最寄りの州立総合病院に約15分以内に移送する。

写真4-13　24時間体制のスイス航空救助隊「REGA」
（ヴィンターセンにて）

その迅速な出動や高度な技術は、急峻なアルプスの山中で機上から最長約220メートルのウインチを遭難現場に下ろし、登山者を救出する山岳遭難の際の出動に由来するほか、近年は牧草地で衰弱した体重600〜700キロ、大人10人分相当の乳牛をウインチで吊り上げ、麓の獣医師のもとに空輸することからも理解できる（**写真4-13**）。

　しかも、政治や宗教、また、会員であると非会員であるとを問わず、世界のどこの被災地にも出動する。このため、国際社会から高い評価を得ている。

　ちなみに、その資金は2004年実績で1億3,130万スイスフラン

写真4-14（上）ドクターヘリに代わる観光遊覧のヘリコプター（ツェルマットにて）
写真4-15（下）資材運搬用のヘリコプターもドクターヘリに協力（ヴェンゲンにて）

（約145億円）に上っている。これに対し、救命救急医療などにかかった費用は、会員は無料、非会員は実費で、年間1,000回以上の出動で計約7,000万フラン（同77億円）に及ぶなど健全経営で[*8]、名実とも"空飛ぶICU"といえる。もちろん、事業者もかかりつけ医や消防署などから要請を受ければ観光遊覧や資材運搬用ヘリコプターをドクターヘリに早変わりし、救命救急医療に協力することになっている（**写真4-14**、**写真4-15**）。

　また、この「REGA」と酷似したSOS救急支援会社も1974年、世界の約3,000万人の会員によって発足しており、中東から本部のあるジュネーブまで世界的なネットワークを駆使し、湾岸戦争などに専用ジェット機を出動させ、やはり救命救急医療などで活躍している。同様の民間活動ではこのほか、ボランティア組織のスイス災害救助犬協会（REDOG）[*9]もある。

　このうち、スイス災害救助犬協会は会員約700人の寄付にもとづき、国内を

写真4-16 各国に先駆け、「脱原発」に踏み切ったスイス（ベルン州にて）

計12の地域に分け、運営されているもので、災害時、被災者や消防、警察など関係機関からの要請を受け、レスキュー隊が1チーム当たり3頭の災害救助犬を連れて被災地に急行し、行方不明者の捜索や救出に当たっている。その活躍ぶりは阪神・淡路大震災などにおける活動を通じ、日本でも知られるようになった。

なお、連邦政府はウクライナ共和国（旧ソ連）のチェルノブイリ原発事故があった1986年、スイスは世界のどこの国よりも真っ先に「脱原発」を宣言する一方、2000年、発送電の分離に踏み切った。また、2011年、東京電力福島原発事故が発生したのを機に、国内に5基ある原発のうち、1基が稼働しているベルン州で翌2012年、州民投票[*10]の結果、投票率が51.6％で反対が63.3％と否決されたものの、連邦政府はこの結果を重視し、2019年までに同原発を停止することを決断した（**写真4-16**）。

ただし、2016年11月に実施された国民投票の結果、原発の廃炉に反対する国民のほうが54.2％と、賛成する国民よりもわずかに上回ったため、今しばらく民意の動向を見守っていくことになったが、中長期には隣国のドイツと同様、廃炉をめざし、水力発電を中心とした再生可能エネルギーに転換していく方針に変わりはない。現に、スイスはエネルギーの割合を石油が45.5％、原子力が4.2％、水力が11.5％、天然ガスが19.1％などとし、残る4基も2034年までに段階的にすべて廃炉にすることを決定すべく、原子力に代わる新エネルギーの推進を含む「エネルギー戦略2050」を発表し、今後、新設を一切認めないことにしている。

[3] 防災福祉

　防災福祉は連邦政府と州政府、基礎自治体、さらには地域の自主防災組織でもある市民防衛組織と連携し、基礎自治体の各地区ごとに取り組まれている。

　具体的には、連邦政府所管の自然災害予防国家調整機関（PLANAT）の指導にもとづき、州政府および基礎自治体、さらには各消防署や警察署、病院、スイス連邦鉄道（SBB）、消防団などが連携し、地域防災計画やハザードマップ（災害予測地図）を策定し、児童や学生を含め、すべての国民が平常時、各地区ごとに高齢者や障害者、乳幼児、妊婦などの見守りや安否確認、在宅介護などの支援をする。そして、災害時にはこれらの要援護者の救援や捜索、炊き出しなどに当たることになっている。

　また、毎年2月の第1水曜日の午後1時半から2時にかけ、連邦政府が全土で一斉にサイレンを鳴らし、住民に軍事訓練を兼ねた防災訓練を取り組ませている。さらに、地域の大半は最低年1回、住民総ぐるみで防災訓練を行っているほどの念の入れようである（**写真4-17**）。

　このほか、スイスは古来、他のヨーロッパ諸国に比べ、親子同居が根強いため、老親（ろうしん）の介護は基本的には家族が行うが、国民の4人に1人は何らかのボランティア団体や政治団体、公的機関など各種団体に所属し、無報酬でさまざまな地域活動に参加している。男女別では慈善団体や教会関係の団体での活動

写真4-17　住民総ぐるみの防災訓練
（ツェルマットにて）

第4章　海外最新事情　　133

は女性、スポーツや文化、政治、経済関連は男性が比較的多い。

　活動方針は教会が毎週日曜日、礼拝に訪れる住民に対し、コミュニティの拠点として日常的に開放しており、いずれも「隣人愛」を宗教倫理とするキリスト教徒の住民たちが地域の高齢者を教会に招き、団欒(だんらん)したり、健康の増進や身守り、安否確認などの地域福祉活動を展開している。また、中世からの伝統を引き継ぐ生活協同組合（生協）の組合員による協同組合活動[*11]を通じ、有事や災害時に備え、食品を最低6か月分ストックしており、賞味期限が過ぎると通常の市場ルートに割安で流通するシステムをとるなど、同様の民間活動に取り組んでいる。

　ちなみに、大企業の社長は将軍、部長以上の役職者は中佐、または大佐級で、1年のうち、3分の1は軍隊に行っており、有事の際、高級民兵として出動するが、ふだんは仕事の合間、地域のボランティア活動に参加し、各種NGOやNPOへの寄付や運営、バザーの収益金のカンパなど地域福祉活動に努める。災害時には『民間防衛』のマニュアルにもとづき、被災者の救援や捜索、炊き出しなど所定の任務に就き、災害ボランティアとして活動している。

　「蜂蜜は、いつも流れ出ているとは限らない」——[*12]。

　スイスはこのような信条のもと、災害対策および防災福祉は国防をベースとした「民間防衛」を通じ、有事や災害時、さらには事件・事故の際でも官民一体となって対処するという先進ぶりであり、歴史的背景や国勢、宗教、行財政システム、国民性は異なるものの、同じ山国の日本にとって示唆はあまりにも多い。

2. アメリカ

[1] 国勢と災害対策

　周知のように、アメリカは日本の約25倍という広大な国土を誇っている。総

人口は2016年現在、約3億2,410万人だが、豊富な資源に恵まれているため、第二次世界大戦後、"アメリカンドリーム"を夢見る世界の要人が首都・ワシントンやニューヨーク、ロサンゼルスなどに集結し、世界第一位のGDP（国内総生産）を遂げ、世界を席巻している（**写真4-18**）。

写真4-18 世界を席巻しているアメリカ（サンフランシスコにて）

　しかし、アラスカからサンフランシスコ、ロサンゼルス、メキシコ国境近いサンディエゴ、サンタモニカへと続く西海岸には震源や火山帯が集中しており、20世紀以降の主な自然災害をみると、2005年、ハリケーン（**前出・図表4-1、図表4-2**）をはじめ、1994年、ノースリッジ地震、1971年、サンフェルナンド地震、2012年、ハリケーン「サンディ」などで多数の犠牲者を出している。その結果、上述した自然災害指標でもその発生可能性は世界第5位、脆弱性は同6位、リスクは同5位と、いずれも日本、イタリア、中国、韓国に次いでいる。

　また、ニューオーリンズやフロリダ、マイアミなど南部の低地はハリケーン（台風）、竜巻、洪水などの風水害や土砂災害に見舞われているほか、地震や津波、森林火災などが毎年のように各地で頻発している。

　それだけではない。現役をリタイア後、移住する地として一番人気といわれるオアフ島のキラウエア火山（標高1,247メートル）はアメリカ大陸から離れているとはいえ、ハワイ諸島全体が太平洋プレートの上にある。しかも、常時、噴火活動を続けているため、いつ大噴火により、隣の世界屈指のリゾート地、マウイ島のワイキキ、さらにはアメリカ大陸に火山灰を拡散し、降灰に伴って都市機能をマヒさせるとも限らないなどの懸念もある（**写真4-19、写真4-20**）。

　このほか、アメリカは世界一の"核保有大国"で、1979年、スリーマイル島で原発事故を起こした。また、1945年、世界で初めて広島と長崎に原爆を投下したり、1954年、太平洋・ビキニ環礁で水爆の実験を強行したりするな

写真4-19（上） 大噴火が懸念されるキラウエア火山（ハワイ島にて）
写真4-20（下） キラウエア火山の噴火で災害が懸念されるオアフ島のワイキキ（ワイキキビーチにて）

ど、原子力の軍事利用による力づくの外交を推進し、近年、新興著しい中国やロシア（旧ソ連）との間で"新たな冷戦"ともいえる緊張関係をつくり出しているほか、2001年、ニューヨークで世界同時多発テロ事件が発生したため、入管検査を大幅に見直すなど予断を許さない。

このような国勢のなか、連邦政府は1988年、ロバート・スタフォード災害救助・緊急事態支援法を制定し、国土安全保障省および緊急事態管理庁（FEMA）、国防総省（ペンタゴン）を中心に、地震や津波、ハリケーン、サイクロン、洪水、森林火災はもとより、原子力災害やテロに対し、州政府や基礎自治体（市町村）など関係機関との連携、さらには宇宙開発技術も駆使し、被災者の救護、行方不明者の捜索、輸送、給水、救命救急医療、防疫活動を担う陸・海・空軍の軍隊や沿岸警備隊などを出動させる体制を整備・拡充している。

また、有事や災害時、事件・事故などの際、約2万人の国境警備隊など軍隊や海上保安本部、管区警察、消防署など関係組織の壁を取り払い、ふだんから連絡を密にし、かつ現行のマニュアルにとらわれず、緊急時における柔軟、迅速、かつ的確な危機対応システム（ICS：インシデント・コマンド・システム）を導入し、緊急モードの危機管理体制を事前に確立した。さらに、被災者の救援や行方不明者の捜索など救助プログラムの見直し、土地利用や住宅建築に関わる規則、および自主防災組織の再検討などの危険管理体制、および損

害保険への加入による犠牲者の遺族や被災者の補償・賠償、生活再建への支援などに努めている。

さらに、災害の来襲時を48時間前、24時間前、12時間前などと設定し、防災への備えを国民に広報・啓発する一方、連邦政府、州政府、基礎自治体が関係機関と連携し、災害がど

写真4-21 常時、有事体制下のアメリカ（ハワイ・ホノルル市庁舎にて）

こで、24、18、12、6時間前に、どの程度で見舞われるのか、また、そのため、政府や自治体、企業など関係機関や住民がどのような備えをすべきか、時系列的に示し、「減災」のためのシミュレーションを示す「タイムライン」をシステム化しており、最近、北海道滝川市など日本の自治体でも注目し始めている（**写真4-21**）。

さらに、被災国、または国連など国際機関の要請を受け、国際緊急援助隊を当該地に派遣し、国籍の違いを超えて被災者の救援や捜索、生活再建、復旧・復興のため、巨額の費用と人材の派遣を行って国際貢献にも努めている。もちろん、アメリカもスイスと同様、災害時や事件・事故時、患者や警察署、消防署などの要請を受け、最寄りの総合病院にドクターヘリ計約800機が移送するためのヘリポートが全国に計約800か所ある。

ただし、救命救急医療の水準や危機管理体制などは世界屈指であるものの、国土や総人口などの多少もあってか、スイスほど充実してはいない。また、核シェルターも基礎自治体や学校、教会に公的な核シェルターが設置されているものの、国民にはその設置は任意のため、普及率は82％で、日本の0.02％はともかく、100％のスイスには及ばない[*13]。

一方、原発事故に対し、連邦政府は原子力エネルギー法およびエネルギー再編成法にもとづき、災害時、事業者と州政府の連携によって対応することになっている。

具体的には、スリーマイル島原発2号機における原子炉の事故を機に、原子力施設の緊急時対応計画を全面的に見直す一方、原子力施設におけるテロなどの際、FEMAが軍への給水車の手配や赤十字、救世軍、市民ミリシア（民兵）の協力を得て被災者の救援や救護、避難所の設置・運営などに当たるよう、対策を講じている。

[2] 防災福祉

　防災福祉の関係では、連邦政府が被災地の州政府や労働力投資委員会の申請を受け、適用する災害支援プログラムがある。これは被災者の生活再建のため、食料・飲料水や衣服などを支給し、避難所における避難生活を支援するとともに、事業者に補助金を交付し、一時的な雇用やその後の正規雇用を支援したりするものである。

　また、連邦政府はカウンセラーのカウンセリングにより、障害者や若年者などの被災者を支援しているほか、失業、あるいは自営業を中断した者に対し、災害失業給付（DUA）を行うことにしている。このほか、既存の災害救助プログラムの範囲の改定および拡大をはじめ、州政府や基礎自治体（市町村）による包括的な災害対策および救助計画、危機管理能力、危機管理組織の改善の奨励や被災した際の救助プログラムにつき、より一層の調整と迅速な実行、連邦政府の支援の補完、または損害保険の加入により、個人、州政府、基礎自治体（市町村）が自らを守るための奨励、災害による損失を減らすための土地利用、および建築に関する規則の改善を含む危険軽減対策の推奨などがある。

　一方、市民レベルでは西部開拓時代以来の自己責任と「隣人愛」を中心とするキリスト教の宗教倫理、および新大陸におけるコミュニティの形成の必要上、伝統的な自助と社会連帯という国民性をベースに、平常時の高齢者や障害者、乳幼児、妊婦、ホームレス、マイノリテイ（同性愛者など）への支援の絆を生かし、ボランティア活動による被災者の救援や救護、補償・賠償、生活再建への支援、寄付などを通じ、災害時における被災者の支援も活発に取り組まれている。

いずれにしても、そのためには旧態依然とした"世界の警察"的な外交、および南北格差など国内の問題も解決するとともに、災害情報の迅速、的確な収集と国民および国際社会との情報共有が欠かせず、その課題は少なくない。

3. キューバ

[1] 国勢と災害対策

　キューバは中南米のカリブ海に浮かぶ島で、総人口は2016年現在、約1,147万人である。
　歴史的には、第二次世界大戦後、親米政権を打倒した社会主義政権は1961年、アメリカと国交を断絶し、同じ社会主義国のソ連（現ロシア）と親交を深めるようになった。ソ連がアメリカの本土を射程に入れた中距離弾道ミサイル発射の基地をキューバに設置したため、アメリカがその撤去を要求し、海上封鎖を宣言した。これを機に両国間の緊張が一気に高まった。いわゆるキューバ危機である。
　そこで、アメリカはキューバに対し、経済封鎖をとったため、輸入に頼っていたキューバは厳しい経済環境におかれ、米ソの核戦争に備え、国民に核シェルターを設置することになった。このアメリカとの長年にわたる軍事的な対峙のなか、可能な限り軍事費を削ってまでしても災害対策や社会保障、教育に国家予算をつぎ込み、国民の安全・安心の確保に努めている。2015年、オバマ政権のアメリカと国交が回復した。
　また、キューバは地形的にもハリケーンや津波、高潮など風水害のメッカで、1996年から2006年にかけ、計8回にわたり、ハリケーンに見舞われるなど"台風銀座"でもある。このため、政府は国家の存亡をかけ、災害情報の提供と住民の避難、および乏しい科学技術の活用と国民参加を促し、この難局を乗り切る努力を積み重ねてきた。また、国民自身も被災は自己責任として受

け止め、万一、被災した場合、全国民をあげてボランティアで復旧に取り組むことになった。

　そこには、「帝国主義者の利益よりも人民の利益」、すなわち、国民生活の安全・安心を最優先するという社会正義の原則にもとづき、この国ならではの国民の自立と連帯をもたらしているとともに、途上国共通の問題である貧困の撲滅のため、限られた社会資源を適正に配分するという政府の災害対策とその防災により、死傷者は最小限にとどめている。

　現に、2004年のハリケーン「チャーリー」はアメリカのフロリダ州で住民30人が犠牲となったが、キューバの死者はわずか4人だけだった。また、2008年のハリケーン「グスタフ」でもアメリカやハイチでは多くの死者が出たにもかかわらず、キューバでは犠牲者は皆無だった[*14]。

　また、キューバではハリケーンに直撃されるおそれがあると、気象学者が国営テレビで今後の気象情報とともに被害の予測を解説し、被災の規模を最小限に食い止めるよう、国民に呼びかける。政府もハリケーンに襲われる危険が近づくと、国営バスをどのような寒村にも避難誘導などの支援をする。

　さらに、「想定外」の津波が沿岸に押し寄せることが予想される場合、政府は国営のトラックとバスを総動員し、2時間以内に全住民を高台に避難させる。また、国家電力供給公社は強制的に停電の処置をとり、ハリケーンで市街地が水浸しとなり、かつ電線が見えない住宅で漏電したり、街頭で感電したりすることがないよう、応急対策を講じることになっている。このほか、災害で倒壊した家屋や家具は政府がすべて安全な倉庫に移して補償する一方、革命防衛委員会と警察署が被災地に急行し、盗難や空き巣などの犯罪を防いでいる。

　一方、住民も日ごろの自立と連帯の精神にもとづき、高齢者や障害者、乳幼児、妊婦など災害および社会的、経済的弱者を優先して国営バスに乗車させ、指定された避難所に避難させる。また、被災地へはボランティアとして駆けつけ、生活再建や復旧・復興のため、協力している。

[2] 防災福祉

　防災福祉では、万一、大規模の災害が発生した場合、国際災害救助医療隊

「ヘンリー・リーブ・ブリガーダ」が被災地に急行し、疫学や語学力に長けた医師や看護師が救命・医療活動に当たる。また、避難所には獣医師が待機し、ペットをケアすることになっている。

ちなみに、医師の数は2008年現在、7万1,000人と人口比で日本の2倍を擁し、国民165人当たり1人の医師が都市部から中山間地域まで各地区に配置されている。医療水準は先進国に比べればかなり見劣りするものの、かかりつけ医が住民一人ひとりの健康状態の把握を行う地域医療を基本とし、初期医療（プライマリーケア）を担っている。

また、各地区の病院には専門医やソーシャルワーカーなどからなるベーシックワーク・グループが整備されているため、初期医療はもとより、がんの治療や心臓の手術などの医療費はすべて無料である。医療品の開発にも熱心で、ワクチン類は輸出品目の一つになっている。それというのも、政府はキューバ憲法にもとづき、国民に対し、無料による医療を保障しているからである。

もちろん、他国が災害に見舞われた場合、数十〜数百人規模でその支援に向かう。また、世界を視野に入れた防災医療センターの防災教育に努めているほか、ラテンアメリカはもとより、各国の大規模な地震の被災地に医療チームを派遣し、国際的な人道援助にも努めている[*15]。

このようななか、キューバは2015年、1959年の革命以来、実に半世紀ぶりにアメリカと国交を正常化した。今後、両国間の定期航空便の再開や観光などを通じた草の根的な交流を手始めに、ジカ熱やがんの治療、麻薬、環境、人身売買、ネット犯罪など途上国共通の問題解決、さらには経済的な支援をアメリカなどから受けつつ、資本主義における市場経済や成果主義を徐々に導入し、経済的な発展を遂げていくものと期待される。もっとも、グアンタナモにあるアメリカの米軍基地の返還などの問題はアメリカの軍事戦略に関わるため、一気に解決される見通しはなさそうである[*16]。

いずれにしても、キューバと日本との間は国交はあるとはいうものの、一般の日本人が現地で災害対策や防災福祉を調査研究する機会はなく、せいぜい観光ツアーで現地に訪れることができる程度である。

したがって、同国の災害対策や防災福祉は、日本国内に刊行、あるいは発表されている書籍やわずかの先行研究論文、それにインターネットによって

検索した情報に対し、筆者の私見を加えたものにすぎない。このため、キューバと日本が今後、政治・経済の交流を深めた暁にはぜひ渡航の機会をつくり、その災害対策や防災福祉を調査研究するとともに、日本が自国はもとより、キューバをはじめ、途上国の災害対策や防災福祉の充実に国際貢献を果たしていくべきむね提言する成果は別途述べることで了とされたい。

注

* *1 兵役の義務はその後、東西の冷戦がなくなったため、2006年以降、20～30歳未満の男子と縮減した。なお、女子は今も志願制。
* *2 民間人による軍事の要員。スイスの場合、兵役を終えた一般国民の男子と志願兵の女子からなる。
* *3 有事の際、国民によってその国土や生命、財産を守るため、敵国に対し、武力紛争を辞さないこと。日本でいう国民保護。
* *4 兵役後、連邦政府の許可を受け、所持することが可能。
* *5 スイスはPKO（国連平和維持活動）でも武器を使用しないむねを表明済み。
* *6 国連・持続可能な開発ソリューション・ネットワーク「世界幸福度ランキング調査報告書（2015年度版）」、2016年。ちなみに、2位はアイスランド、3位はデンマーク。
* *7 スイスでは集権国家の日本と異なり、国防など外交やエネルギー、環境、社会保障など国全体に関わる政策は連邦政府、災害や社会福祉などの政策は州政府および基礎自治体とする分権国家で、市町村という行政体はない。
* *8 「REGA」HP、2014年など。
* *9 アルプス山脈で山岳遭難に見舞われた登山者を捜索したり、救助したりするため、スイスで初めて災害救助犬を使ったのが始まり。現在、スイス陸軍がその育成に当たっている。
* *10 スイスは国民生活に関わる政策は連邦政府、州政府、基礎自治体を問わず、そのつど、国民投票の結果に従う。このうち、州ごとに行うのが州民投票である。なお、2016年6月に実施されたベーシックインカムの是非についての国民投票は連邦政府が行ったもの。
* *11 ともにチューリヒに本部を置く「スイスコープ」、「ミグロ生協」が二大生協で、国内の小売市場の過半数を占める売り上げを誇っている。くわしくは拙著『脱・限界集落はスイスに学べ』農文協、2016年を参照。
* *12 スイス連邦政府編・原書房編集部訳『民間防衛』原書房、2003年。
* *13 日本核シェルター協会HP、2016年。
* *14 www.ncm-center.co.jp/tizu/kyuuba.htm、2014年。
* *15 homepage3.nifty.com/aajc/archive23.html、2014年。
* *16 「朝日新聞」2016年7月3日付。

第 5 章

防災福祉のまちづくりへの
システム化

1. 防災福祉文化の醸成

[1] 防災福祉文化の概念

　3、4章で紹介した国内の先進自治体およびスイスなど海外の防災先進国の最新事例を踏まえ、日本における防災福祉のまちづくりへの方策を述べ、結びとしたい。

　第一は、防災福祉文化の醸成である。それというのも、災害対策は政府および自治体、消防署、警察署など関係機関や団体が講ずるだけでなく、国民も必要な情報を入手し、かつ関係機関や団体と共有し、平常時、住民参加にもとづく公私協働によって地域福祉に取り組むとともに、災害時、被災者の救援や捜索、避難生活および生活再建への支援、さらには復旧・復興に努めるため、地域防災にも取り組むべく、防災福祉文化を醸成しなければならないからである。

　したがって、防災福祉文化とは地域福祉など[*1]に取り組む福祉文化[*2]に地域防災を加え、災害時における地域活動も視野に入れた概念である(**図表5-1**)。

[2] 情報の収集と共有

　具体的には、住民、自治体、社協などを問わず、まず住所・所在地や通勤・通学経路、学校、職場などの地形や立地、地盤および周辺の生活環境に危険個所がないかどうか、チェックしたい。

　たとえば、津波や洪水、液状化などのおそれがある沖積平野や扇状地、砂地、埋立地、海抜ゼロメートルなどの臨海部や沿岸部、河口部、低地であるのか、それとも台風や集中豪雨などの風水害や山・崖崩れ、地滑りなど土砂災害のおそれがある谷地や急傾斜地であるのか、さらには地震や火山噴火、原子力災害などのおそれがある活断層や活火山、原発があるのか、確認する。

図表5-1 防災福祉文化の概念

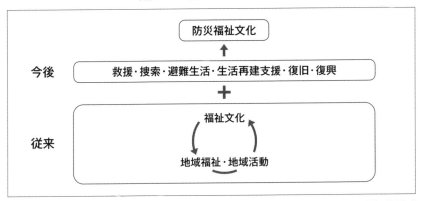

出典：筆者作成

とくに都市部では、老朽化した木造住宅が密集しているのか、消防車や救急車が出入りできない路地や洪水のおそれがある堤防があるのか、落雷や突風などによって下敷きになったり、頭上から落下したり、洪水などで水没したり、転落したりして死傷するおそれがあるブロック塀や立て看板、街路灯、街路樹、ネオンサインなど屋外広告塔、電柱、自動販売機、ガラス張りのオフィスビル、地下街、地下鉄、マンホール、排水溝、高架の陸橋などがあるのかどうか、確認する。

これに対し、地方では津波によって漁船が凶器となる漁港、大気中の放射線量を24時間体制で計測するモニタリングポイント（ポスト）、また、台風や集中豪雨などの風水害によって水害のおそれがある溜池や急流があるのか、上流に砂防ダムや水力発電所のダム、湖や雪崩が発生しやすい高山があるのか、情報を収集する（**写真5-1**）。そのうえで、都市部、地方を問わず、敷地は盛り土なのか、それとも切り土なのかどうか、確認する。その意味で、最近、自治体や住民の間で普及、利活用されつつあるドローン（小型無人機）の活用も検討したい。

ちなみに、役所や学校、体育館、公民館、警察署、消防署などの公共施設はもとより、社会福祉施設や医療機関、NPO、事業者などの建物がある敷地は建設前、その地盤が強固であるのか、入念に調査をしているため、比較的安全である。もっとも、地権者や設計業者、土木建設業者と首長や議員、職

写真5-1　市役所に隣接したモニタリングポスト（手前）（静岡県御前崎市にて）

員の癒着、あるいは危険個所であるにもかかわらず、秘密裏、あるいは危機管理の不足により建設されているケースもある*3。民間の建物の場合、利潤の追求が至上命令のため、耐震偽装や手抜き工事もあるので要注意である。

　このほか、地名の点検もしたい。

　たとえば、津や浦、崎、須、磯、岬、島、川、瀬、江、洗、池、沢、谷などの地名が付いた土地の大半は臨海部や沿岸部、港湾、半島の先端、河口、河畔などの海抜ゼロメートル地帯や低地、渓谷、谷地のため、危険である。

　これに対し、台や高、丘、岡などの地名が付いているのは比較安全である。もっとも、明治、昭和、平成と三度も続けられた市町村合併*4に伴い、群馬県みどり市や栃木県さくら市のように従来の地名が消えてしまったため、どこの自治体で、かつどのような立地や地形なのかわからなくなっているところもある。

　さらに、過去の災害に学びたい。なぜなら、鎌倉地震は1293（正応6）年と1299（正安元）年、東京では1703（元禄16）年の元禄大地震、1855（安政2）年の安政江戸地震、1923（大正12）年の関東大震災、三陸沖地震は1896（明治29）年の明治三陸（沖）地震と1933（昭和8）年の昭和三陸（沖）地震と続いたあと、東日本大震災に伴う地震と津波に見舞われたからである。

　一方、火山噴火では雲仙普賢岳が1792（寛政4）年、1990（平成2）年、1995（平成7）年、いずれも噴火して犠牲者を出している。

　また、原子力災害では1999（平成11）年、茨城県のJCO東海事業所で臨界事故、2004（平成16）年、福井県美浜町の関西電力美浜原発で3号機の蒸気噴出事故、2011（平成23）年、福島県大熊、双葉両町の東京電力福島原発でメルトダウンを起こしている。しかも、原発は基本的に電子力事業者の

発表、およびその監視や規制は原子力規制委員会に委ねられているため、実際はもっと多くの事故を起こしている可能性もある。さらに、避難計画は策定されているものの、避難経路が道路一本しかなく、現実的でないところも少なくないため、道路マップや現地調査をし、おかしければ電子力事業者を質したい*5。

このほか、過去の災害を検証すべく、自治体のハザードマップを見たり、インターネットや新聞報道、郷土史、古老の聞き取りなどで入手したい。また、後世に再発の危険性を警告した遭難碑があるのかどうか、郷土史をひもといたり、神社や寺院を訪ねたりして危

写真5-2 過去の津波災害を伝える石碑
（和歌山県すさみ町の萬福寺にて）

険性があるのかどうか、チェックして風化を防ぎたい（**写真5-2**）。その意味で、東日本大震災の被災地、岩手県大槌町や宮城県南三陸町でも津波で被災した庁舎や小学校を犠牲者に寄り添いつつ、震災遺構として保存し、後世に伝えたい。

いずれにしても、災害情報の種別とその内容を常に把握し、メディアやスマートフォンなどの媒体を通じた気象庁の災害情報だけでなく、自治体からの情報の把握および地形や立地、地盤、地名なども平常時、情報収集し、情報提供の際、的確、かつ迅速に判断し、風評に惑わせられないようにしたい。

具体的には、気象庁の災害情報は地震、津波、高潮、山・崖崩れ、地滑りなどの土砂災害、台風や集中豪雨などの風水害、火山噴火、降雨、降雪、竜巻などさまざまであるため、事前にこれらの情報の違いを見きわめておく。

たとえば、防災気象情報は「注意報」、「警報」、「特別警報」の三つがある。このうち、「注意報」は災害のおそれがある場合、「警報」は重大な災害のおそれがある場合、「特別警報」は重大な災害が迫っている場合と程度が異なる。

さらに、その他の情報として高潮情報や指定河川洪水情報、土砂災害警戒情報、記録的短時間大雨情報もある。
　そこで、自治体はこれらの情報を踏まえ、「避難準備・高齢者等避難開始」では高齢者や障害者、乳幼児、妊婦、生活保護世帯、ホームレス、外国人など要援護者・要配慮者などは即、避難させたい。これに対し、「避難勧告」では一般の住民も避難する。「避難指示（緊急）」ではすべての住民が避難する、また、避難しそびれた住民は屋内で安全な場所に移動し、救援を待つ。
　また、「緊急地震速報」は地震の発生時に起きる地震波の揺れ具合を予測し、震度5弱以上の地震が予測される際、震度4以上の揺れが想定される地域に出される。もっとも、その場合でもその地域の地形や立地、地盤の強弱により異なる。
　一方、津波情報の場合、「津波注意報」は最大1メートル、「津波警報」は同3メートル、「大津波警報」は同5、10、10メートル超が予想されるものだが、海底の地盤や陸地の地形、また、大潮によってはさらに高くなるほか、第一波よりも第二波、第三波の方が高くなることもある。また、押し波よりも引き波のほうが恐ろしいこともある。
　これに対し、台風情報は本土に接近、または上陸する台風に関して72時間先までその中心の位置や進行方向、速度、中心気圧、最大風速、最大瞬間風速、暴風域、強風域が予報される。
　火山噴火警報は「噴火警戒レベル」が1、2、3、4、5の五つあり、このうち、1は活火山であることに留意で、活動は静穏な状況である。2は火口周辺規制で、周辺に影響がある状況である。これに対し、3は入山規制で、居住地近くまで重大な影響、4は避難準備で、居住地に重大な被害の可能性、5は避難で、居住地に重大な被害が考えられる状況を示す。
　ちなみに、火山災害の種類は噴石や溶岩流、火砕流、火山灰、火山泥流、火山ガスに分かれるが、これらが複合災害となって襲うこともある。
　このほか、気象庁の「災害情報」における降雨の場合、「強い雨」は20〜30ミリ未満で、傘をさしていても濡れる程度だが、「激しい雨」は30〜50ミリ未満で、道路が川のようになり、土砂災害や下水管から水があふれる。これに対し、「非常に激しい雨」は50〜80ミリ未満で、もはや傘は役立たず、自

動車の運転は困難となり、地下街に流れ込む。さらに、「猛烈な雨」は80ミリ以上で、大規模災害が想定される。

　また、「強い風」は風速15～20メートル未満で、人が転倒したり、看板などが外れ始めたりするのに対し、「非常に強い風」は同20～30メートル未満で、看板などが落下・飛散したりして負傷者が出始めるほか、自動車の運転も困難になる。「猛烈な風」は同30～40メートル未満で、屋外での行動はきわめて危険となり、電柱や街灯、街路樹が倒れるおそれがある。同40メートルだと木造家屋だけでなく、鉄骨造りの建物も変形しやすくなる。

　ただし、2014（平成26）年、戦後最大の災害となった御嶽山の噴火では「噴火警戒レベル」が1だったにもかかわらず、突如、大噴火した。また、翌年の関東・東北豪雨の際、鬼怒川の堤防が決壊し、被災した栃木県日光市や茨城県常総市など一部の地域で、住民は「情報の意味がわからなかった」、「強風で防災行政無線や広報車の広報に気づかなかった」などの声が聞かれる半面、自治体が気象情報を把握したものの、夜間の避難はかえって危険と判断し、「避難指示」を出さなかったともいわれている。

　そこで、このような気象情報だけでなく、国土交通省の「川の防災情報」や自治体の防災行政無線、広報車、ホームページでも情報収集し、かつ地形や立地、地盤および周辺の生活環境に危険個所がないかどうか、あらかじめ知ったうえで総合的に判断し、場合によっては情報を待たず、早めに避難することも検討したい。なぜなら、東京電力福島原発事故の際、政府は地元の自治体に対し、原発から半径8～10キロメートル圏内の自治体にしか避難計画の策定を指導していなかった。また、SPEEDI（緊急時迅速放射能影響予測ネットワークシステム）による放射性物質の拡散予測結果を報告せず、結果、放射性物質が偏西風に乗り、現地から約10キロメートル北の福島県浪江、双葉両町にも飛散したため、あわてて「避難指示」を発令したのち、約40キロメートル圏内の自治体に対し、避難計画の策定を義務づけ、「避難指示」を修正するといういい加減さだったからである。

　しかも、このような姿勢は他の災害についても同様で、これまで災害の洗礼を何度も受けているにもかかわらず、自治体も含め、迅速な対応が遅れたり、庁舎内の縄張り争いや"縦割り行政"、さらには資産価値の低下に伴う不動

産取引や観光客の減少を懸念する業界を気遣い、情報の隠蔽(いんぺい)をするなど対応がまったくできない場合もあるからである[*6]。このため、政府は2016年（平成28）12月、「避難準備情報」は「避難準備・高齢者等避難開始」、また、「避難指示」は「避難指示（緊急）」に改めることにした[*7]。

[3] 地域防災と地域福祉の融合

　そのうえで、ソーシャルワークリサーチやソーシャルプランニング、コミュニティソーシャルワーク、およびソーシャルアドミニストレーションなど専門的な理論と技術を有し、地域防災と地域福祉を融合すべく、各地の市町村や市町村社協などで地域福祉計画などに関わり、実績のある学識者が中心となり、住民参加にもとづく公私協働によってこれらの情報を共有し、平常時、食料・飲料水の備蓄や避難経路、避難場所・避難所の指定、民間施設の一時避難場所の事前における協力による設置、自主防災組織の拡充、高齢者や障害者、乳幼児、妊婦、生活保護世帯、ホームレス、外国人など要援護者・要配慮者避難支援プランの作成を通じ、個人情報の保護のもと、支援したい。そのためにも各大学は平常時、ボランティアセンターを設置し、学生と災害ボランティアによる被災地および学内での被災者の救援など支援を通じ、地域連携と学生の学びの場とし、社会貢献に取り組みたい。

　また、高層ビルにおける各階ごとの防災・救急用品の常備や管理組合の組織化など長周期地震動への対応、地下水の汲み上げによる地盤沈下や液状化の防止、および災害時、被災者の救援や捜索、補償・賠償、避難生活および生活再建の支援、帰宅困難者の保護、復旧・復興など、地域防災計画と地域福祉計画および地域福祉活動計画を一体的、または連動して改定し、一層の充実を図りたい。

　具体的には、地域防災計画、地域福祉計画、地域福祉活動計画の改定委員会および作業部会を設置し、現行の各計画を評価して事業をスクラップ、またはビルド、防災福祉に関わる事業を連携・調整し、平常時の小地域福祉活動を災害時、被災者の救援や捜索、生活再建の支援に生かす。そして、「Plan-Do-See（Check）」理論にもとづき、進行管理委員会でその進行管理

を行い、積み残したり、新たに必要な事業を追加したりして見直し、防災福祉のまちづくりに取り組みたい。その際、災害派遣した職員を通じた縁を重視し、周辺、または遠方の市町村と災害時相互応援協定を結び、災害時、災害ボランティアとして支援を受け入れたり、逆に支

写真5-3　公共施設の高台移転に着手した自治体も
（和歌山県すさみ町にて）

援したり、支援物資を寄贈したり、義援金・支援金を寄付したりするなど「広域災害」の視点も忘れないようにしたい。

　とりわけ、和歌山県すさみ町のように、海抜ゼロメートルなどの沿岸部や河口部、低地に立地する市町村は都道府県および政府の補助を得て役所や学校、消防署、警察署などの公共施設、さらには社会福祉施設や医療機関を高台に移転するなど、究極の新規事業に取り組みたい。その際、学校は体育館などでの被災者の受け入れなどについて自治体と事前に協議のうえ、避難所の運営マニュアルを作成し、混乱を招かないようにする（**p42・図表1-11**）。

　一方、市町村は気象庁が発表する避難情報は同時進行的に住民に伝え、昼夜を問わず、早めに避難誘導に努めたい。もっとも、夜間の避難は二次災害を受けやすいため、自主防災組織により日ごろから夜間の防災訓練をしておくものの、状況によっては見送らざるを得ない場合もある。

　いずれにしても、市町村には気象予報士を配置するなどの措置も検討したい（**図表5-2、図表5-3、写真5-3**）。

図表5-2　計画の策定と再改定

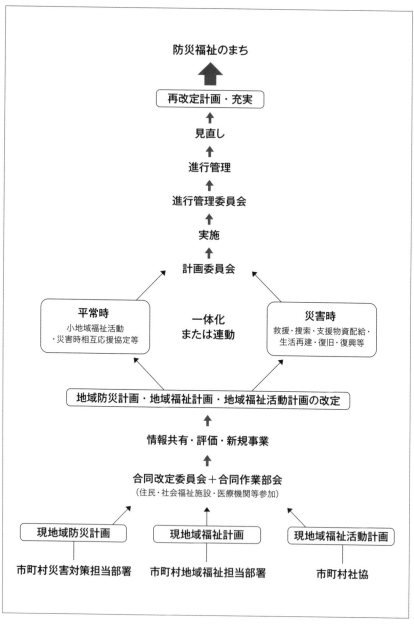

出典：筆者作成

図表5-3 改定計画の実施と進行管理

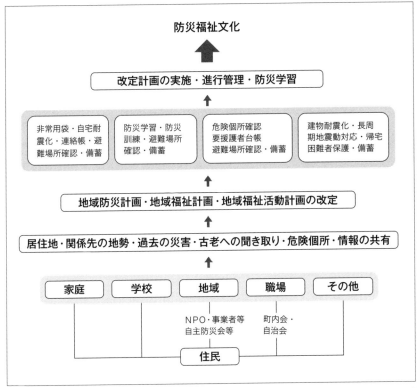

出典：筆者作成

2. 公助・自助・互助・共助

[1] 公助・自助・互助・共助の概念

　第二は、公助・自助・互助・共助の実践である。それというのも、災害対策は政府および自治体が公助として講ずるだけでなく、平常時、住民など関係者も手持ちのさまざまな情報を互いに共有し、住民参加にもとづく公私協働に

よって地域防災および地域福祉を一体化、あるいは連携し、官民一体で防災福祉のまちづくりに取り組まなければならないからである。

このうち、前述したように、公助は政府および自治体による災害対策が基本となるのに対し、自助は住民一人ひとりの防災への備えや災害時における被災現場からの脱出、避難場所および避難所におけるマイカーや簡易テント、シュラフ（寝袋）、トレーラーハウス、コンテナを改良したシェルター、事業者が市販している家庭用シェルターを利用した避難生活、および預貯金や保険金、年金を活用

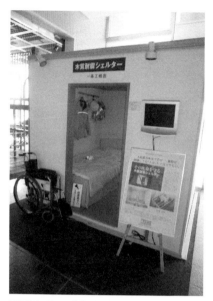

写真5-4　25万円前後の家庭用シェルター
（静岡県焼津市消防防災センターにて）

したり、ハローワーク（公共職業安定所）やシルバー人材センター、親戚、取引業者、友人・知人などの紹介による雇用などの生活再建である（**写真5-4**）。

一方、互助は被災者の救援や避難生活・生活再建への支援、被災地の復旧・復興など家族や住民による助け合いや支え合いであるのに対し、共助は災害ボランティアの支援を受け入れ、災害ボランティアとして被災者の避難生活および生活再建、復旧・復興を支援したり、食料・飲料水、毛布などの支援物資を寄贈したり、受け入れ、仕分け、配給したりすることである。

[2] 政府の自助・共助

ところが、前述したように、小泉政権は阪神・淡路大震災を機に、1995（平成7）年7月に改定された政府の防災基本計画で国民の自己責任を持ち出し、かつ地方分権化を装い、市町村に交付する地方交付税などを縮減するとともに、政府の責任を軽減すべく政府の事務[*8]を市町村に大幅に移譲する一方、国民に対し、地域福祉への参加を啓発すべく、自助や共助を強調し、日々の

生活はもとより、老後の安全・安心の確保、また、災害対策にあっても自己責任といい出す有様である。

また、市町村も"3割自治"[*9]に泣かされているため、新幹線や高速道路、港湾、地方空港などを誘致したり、原発など迷惑施設を受け入れたりして地域経済を持続可能としなければならないジレンマに陥っている。いきおい、災害対策にあっても政府の自助・共助に右にならえで、鷹山の「三助論」を十分理解しないまま、住民に対し、自助や共助を啓発しているのが実態である。

その象徴が、避難所での毛布やマイカーでの避難生活、また、炊き出しの食料・飲料水を求め、被災者が長蛇の列をつくって並ぶという、およそGDP（国民総生産）が世界第3位とは思えない光景が年中行事のように各地でみられることである。

[3] 真の公助・自助・互助・共助

しかし、筆者は社会保障と同様、災害対策においてもあくまでも政府および自治体の公助を基本に、しかし、住民も自助や互助、さらには共助により、地震や津波、山・崖崩れなどの土砂災害、台風や集中豪雨などの風水害、火山噴火、さらには原子力災害のいずれを問わず、「想定外」とせず災害を最小限に食い止めるべきと考える。そしてだれでも住み慣れた地域で生存権が保障され、いつまでも健康で、かつ安全・安心な生活が確保されるように自助・共助を行い、一方では自ら災害ボランティアなどとして支援すべきではないかと考える。

したがって、災害対策は公助・自助・互助・共助の関係は政府および自治体の公助を基本とし、自助や互助、共助はあくまでもその補完としての地域福

図表5-4　公助・自助・互助・共助の関係

補完	共助	住民・NPO・事業者
	互助	家族・住民
	自助	住民個人
基本	公助	政府・自治体

出典：筆者作成

祉および地域防災という重層的なものである(**図表5-4**)。

　具体的には、公助は、政府および自治体による国民の生存権を保障する国民の生活の安全・安心の確保のための制度・政策である。このため、国民の生存権に関わる社会保障をはじめ、地域福祉や地域防災も当然のことながら政府および自治体が責任を持って第一義的に行うべきである。すなわち、政府は災害法制や災害対策の拡充をはじめ、防災基本計画の充実や関連制度に災害対策を加え、〈災害保障〉を講ずる一方、社会福祉に高齢者や障害者、乳幼児、妊婦、生活保護世帯、ホームレス、外国人など要援護者・要配慮者も包含した〈災害福祉〉を講じ、周辺、わけても市町村との広域的な消防署や消防団、消防少年団[*10]、警察署の救助隊や捜索隊、自衛隊などの出動、災害救助法の迅速な適応、被災者の住宅の提供および雇用の確保、補償・賠償など生活再建、さらには被災地における犯罪、風評被害の防止、社会秩序の維持、復旧・復興の迅速化、各種情報の提供などに努める。

　これに対し、市町村は災害対策や災害防止条例の制定をはじめ、地域防災計画と地域福祉計画および地域福祉活動計画との一体化、姉妹都市提携、あるいは他の市町村との災害時相互応援協定や受援計画の実施[*11]など、広域災害対策の推進をはじめ、周辺市町村との広域的な救助隊や捜索隊の出動、災害救助法の迅速な適応、被災者への住宅の提供および雇用の確保など生活再建、被災地における犯罪、風評被害の防止、社会秩序の維持、復旧・復興の迅速化、各種情報の提供などに努める(**図表5-5**)。

　ただし、これらの計画の策定の前提となる住民の防災意向調査や計画の策定にあっては民間コンサルタント会社など業者に委託せず、住民参加にもとづく公私協働により、ワークショップやワールドカフェ、タウンウオッチングなどを通じ、地域特性や住民気質、社会資源など「ヒト・モノ・カネ」を重視したオリジナル、かつ実践的なものとしたい。その意味でも、コミュニティソーシャルワーカーの役割が重要である。

　これに対し、自助は、政府および自治体の公助を基本としながらも、住民も平常時、市町村の地域防災計画やハザードマップ、新聞報道、インターネットなどでさまざまな情報を入手、関係機関や団体と共有し、自助や互助、共助により、地域防災および地域福祉として防災福祉のまちづくりに取り組むもの

図表5-5　公助の仕組み

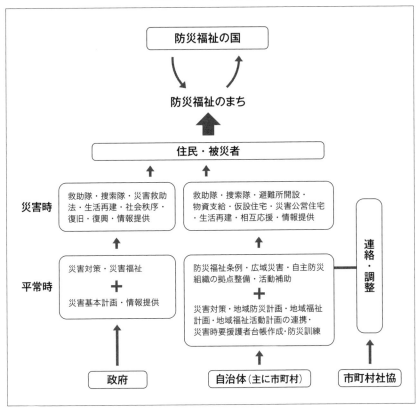

出典：筆者作成

である。
　具体的には、平常時、住宅の耐震化をはじめ、タンスや食器棚、本棚、冷蔵庫、電子レンジ・オーブン、テレビ、パソコンなどの固定やこれらの家具などの寝室や子ども部屋などから居間などへの移動、出入り口の開放を確認したい。さらに、食料・飲料水の最低1週間分[*12]の備蓄をはじめ、簡易トイレや被保険者証（保険証）、診察券、処方箋、放射線量計、災害協力病院・救急指定病院のリスト、現金、定期券、カード、小切手、預貯金通帳、年金手帳、生活保護受給証、給油券、生命保険・地震保険約款、印鑑、緊急連絡帳、住民票、マイナンバー、戸籍謄本、土地台帳、権利証、町内会・自治会、民生

委員・児童委員、自主防災組織の役員名簿をまとめた非常用持ち出し袋を常備したい。

また、懐中電灯やヘルメット、防塵マスク・ゴーグル、ガスコンロ、シュラフ（寝袋）、携帯電話、スマートフォンおよび充電器、無線機、充電式携帯ラジオ、災害用ホイッスル（呼び子笛）、乾電池、感電ブレーカー、家庭用シェルター、防災グッズ、簡易テントなどを用意し、災害に備えたい。

このほか、居住地や学校、町内会、自治会、自主防災組織の事務所などを拠点に、地域や職場、NPO、事業者、サークルなど関係先の地勢をはじめ、過去の災害や古老への聞き取りなどを通じ、情報を収集したり、市町村の地域防災計画やハザードマップを入手したうえ、非常用持ち出し袋を用意したりする。また、周辺の危険個所の確認や災害時における避難経路・避難場所、防災訓練、被災地の視察などの結果を家族で共有し、災害に備えたい。

そして、いざというときは、気象庁の予報に注意するとともに、場合によっては「避難準備・高齢者等避難開始」の前に高台など安全な場所に避難するほか、余裕があったら家族や親戚、友人・知人を支援する。その際、有効なのはNTTの災害用伝言サービスの利用である。なぜなら、被災者の電話が殺到し、通信不通となりがちな携帯電話に代わるツールだからである。また、公衆電話の有無も確認しておきたい。

一方、高齢者や障害者、乳幼児、妊婦、生活保護世帯、ホームレス、外国人など要援護者・要配慮者を一般の住民よりも即、避難させるべく、協力したい。それは自治体、まして消防団[*13]の職員とて同じことである。

1章で述べたように、東日本大震災の際、岩手県釜石市で津波に襲われたものの、児童生徒約3,000人は「津波てんでんこ」[*14]に従って高台に避難した結果、生存率が99.8％だったため、「釜石の奇跡」として注目されたが、このような平常時の防災への備えが最小限の被害に食い止めることができるのである。もっとも、被災後の避難生活や生活再建などを考え、1959（昭和34）年の伊勢湾台風の際の被災者のように、地区ごとにまとまって避難できれば仮設住宅や高台移転後の避難生活でもコミュニティの持続可能を果たすことができる（**図表5-6**）。

これに対し互助は、住民一人ひとりが町内会や自治会、自主防災組織など

図表5-6 自助の仕組み

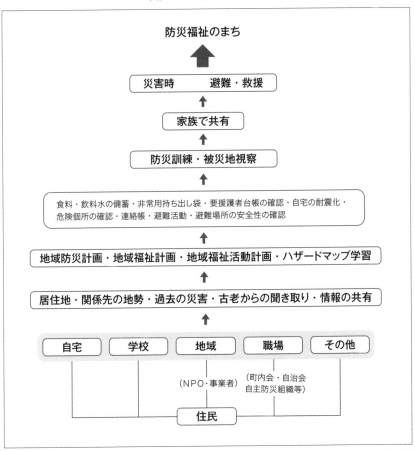

出典：筆者作成

に参加したり、集会所や事務所、公民館、コミュニティセンター、学校、地域サロン、空き店舗、開放した自宅の離れなどで交流したり、地域を見守り、民家や周辺にブロック塀、自動販売機、老朽化した木造家屋の密集地、商業ビル、工場、ガソリンタンク、コンビナートなど危険な建物や物件の有無をチェックしたり、官公庁舎や学校、公民館、公園、震災用井戸、備蓄倉庫、消防署、警察署、津波避難タワー、避難場所、避難所、スーパーマーケット、コンビニエンスストア、ガソリンスタンド、ヘリポート、さらには、居住地や通勤・通学

路、職場などの地形や立地、地盤、土地利用上の規制、地盤、活断層の有無、避難場所や避難所、避難経路の安全を確認したい。さらに、高齢者や障害者、乳幼児、妊婦、生活保護世帯、ホームレス、外国人などの災害時要援護者台帳・要配慮者避難支援プランを作成し、防災訓練に取り組みたい。

　一方、社協は自治体と連携し、地域をいくつかの地区に分けて地区社協を設置するとともに、コミュニティソーシャルワーカー（CSW）[*15]を配置し、平常時は高齢者や障害者、乳幼児、妊婦、生活保護世帯、ホームレス、外国人などの要援護者・要配慮者の見守りや安否確認、団欒、食事会など、ふれあい・いきいきサロンを実施する一方、自主防災組織や市町村など関係機関や団体と被災者をコーディネートし、災害時、被災者の救援や捜索、支援物資の配給、避難生活の支援に努めるほか、災害時、互いに救援や捜索、避難生活・生活再建への支援、復旧・復興に努めたい。

　とりわけ、避難所で避難生活している被災者に対してはテントや間仕切りのカーテンを用意し、プライバシーの保護はもとより、エコノミー症候群や脱水症状、躁鬱病（そううつ）、自殺願望にならないよう、保健・医療・福祉の専門職が連携し、その防止に努めたい。愛玩動物の保護も同様である。

　このほか、市町村社協は社協内や周辺の公園、広場に災害ボランティアセンターを設置、運営し、コミュニティソーシャルワーカーが中心となり、災害ボランティアを受け入れたり、復旧・復興に協力したい。そのためにも平常時、周辺の社協と広域連携協定を締結し、災害時における災害ボランティアセンターの運営への協力、支援物資の仕分けや配給、災害ボランティアの受け入れ、瓦礫の撤去、高齢者や障害者、乳幼児、妊婦、生活保護世帯、ホームレス、外国人などの要援護者・要配慮者の支援、避難生活における各種相談の受け付け、さらに自治体や社会福祉施設、医療機関、NPO、企業、ホテル、旅館、民宿、ペンション、寺社などへの協力の要請、あるいは支援物資の仕分け、配給、義援金や支援金の受け付け・配分などに努めたい[*16]（**図表5-7**）。

　なお、自主防災組織による防災訓練では、参加者が自主防災組織の本部の様子を時系列的に疑似体験できるイメージTEN（自主防災組織災害対応訓練）を実施し、各グループに分かれて演習するため、参加者同士の交流や連帯感が増し、災害時にその成果を発揮、「減災」につなげることができる。

図表5-7　互助の仕組み

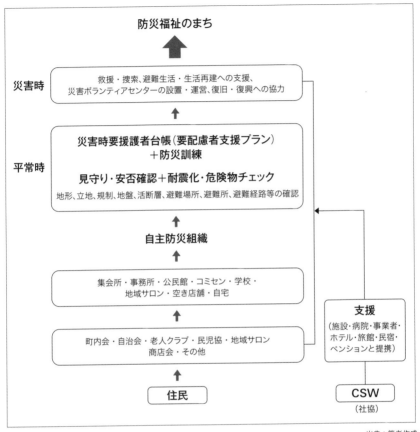

出典：筆者作成

　一方、共助は、市町村社協が市町村や周辺の市町村社協と連携、または単独で災害ボランティアセンターを設置し、各地から寄せられた支援物資を受け付け、仕分けしたり、配給したり、各地から駆けつけた災害ボランティアを受け入れ、瓦礫の撤去や被災者の相談受付、移動・買い物・通院などを介助してもらう。幸い、被災しなかったら被災地に災害ボランティアとして支援に駆けつけ、被災者の救援や支援物資の仕分け・配給、瓦礫の撤去などに努める活動である。それだけに、自治体と同様、平常時、周辺の社協と広域連携協定を結び、広域社協として柔軟に災害ボランティア活動の第一線に立ちたい。

図表5-8 共助の仕組み

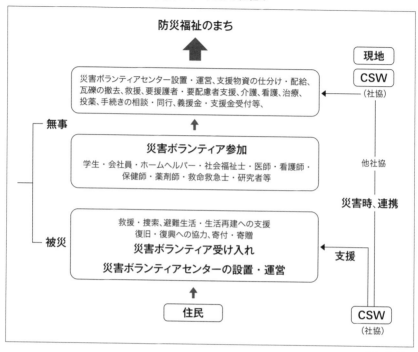

出典：筆者作成

　このほか、SNS（ソーシャル・ネットワーキング・サービス）や市民ラジオなどを利活用し、災害ボランティアと被災地を結び、各種情報提供や共有を通じ、個々の被災地で必要な支援物資や災害ボランティアとの連絡・調整などの共助も考えたい。

　いずれにしても、コミュニティソーシャルワーカーの役割は平常時、災害時を問わず、きわめて大きいため、その専門的な理論と技術をフルに発揮すべく、ホームヘルパーやケアマネジャー、医師、看護師、保健師、薬剤師、救命救急士、カウンセラー、栄養士、臨床宗教師[*17]などと連携しつつ、被災者、とりわけ、災害および社会的、経済的弱者といわれる高齢者や障害者、乳幼児、妊婦、生活保護世帯、ホームレス、外国人など要援護者・要配慮者に寄り添い、救援や各種相談、見守り、カウンセリング、生活再建などに務めたい。これに関連し、阪神・淡路大震災や東日本大震災などの際、全国から災害ボラ

ンティアが大勢駆けつけたり、支援物資が大量に寄せられたりしたため、被災地で収拾がつかず、断ったり、支援が滞ったりしたが、これは被災地の自治体や社協の職員も被災したため、手の施しようがなかったからである。

そこで、このような混乱を避けるためにも、平常時、周辺の市町村と災害時におけ

写真5-5　コミュニティソーシャルワーカーによる災害ボランティア活動
（左側・マイク携帯の二人）
（ボランティア先の東日本大震災被災地の仙台市にて）

るバックアップ体制を協議しておきたい。災害時相互応援協定や受援協定はそのためにある。その意味で、東日本大震災の際、岩手県遠野市および同市社協がNPOなどと連携し、陸前高田、大船渡、釜石各市社協および大槌町社協などを後方支援したことは「遠野モデル」として高く評価されるが、それだけでなく、都道府県や都道府県社協、また、複数の都道府県にまたがるような「広域災害」の場合、政府や全社協が前面に出て連絡・調整を図りたい（**図表5-8、写真5-5**）。

また、各地のDMAT（災害派遣医療チーム）の隊員や医師、看護師などが被災地に急行し、被災者の負傷の程度から治療の優先順位を判定して応急措置を講じたり、重傷な場合、ドクターヘリで周辺の救急指定病院に搬送したりするなど、救命救急医療に努めたい。このほか、行政書士や司法書士、弁護士、社会保険労務士、税理士、公認会計士なども個人、あるいは団体として協力し、領域を問わず、支援する運営チーム[*18]を編成し、被災者一人ひとりに寄り添った支援をするなど、あらゆる領域で専門職の共助にも努めたい。

3. "縦割り行政"の是正

[1] 政府の"縦割り行政"

　第三は、"縦割り行政"の是正である。それというのも、政府による施策はその財源を負担し、国土の保全や国民の安全・安心を確保する事業を最優先すべく、それなりに努力しているものの、その組織は内閣法にもとづく上位下達で、かつその下の各省庁にまたがっているからである。また地震や風水害、火山災害の大規模自然災害および原子力災害など国家にとって緊急事態[*19]が発生しない限り、内閣府と関係各省庁との連携・調整が図られず、災害があるたびに再発防止とはいうものの、常に後手で、かつ対処療法で終わっているからでもある。

　具体的には、内閣総理大臣の直属の内閣官房長官および内閣官房副長官3人の下に内閣官房に危機管理監1人を配置するとともに、その下に内閣情報官をはじめ、官邸危機管理センターを設け、統括する内閣官房副長官補

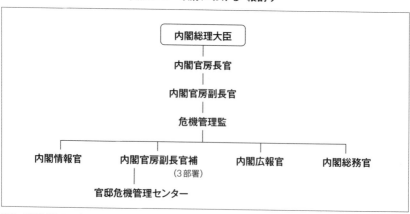

図表5-9　政府における"縦割り"

出典：内閣府HP、2016年より作成

図表5-10 政府における"縦割り行政"

	内閣官房	内閣官房長官　内閣官房副長官　危機管理監
	内閣法制局	
	人事院	
	内閣府	宮内庁 公正取引委員会 国家公安委員会・警察庁 金融庁 消費者庁 個人情報保護委員会
	復興庁	
	総務省	公害等調整委員会 消防庁
	法務省	公安調査庁
	外務省	
	財務省	国税庁
	文部科学省	文化庁
	厚生労働省	中央労働委員会
	農林水産省	林野庁 水産庁
	経済産業省	資源エネルギー庁 特許庁 中小企業庁
	国土交通省	観光庁 気象庁 運輸安全委員会 海上保安庁
	環境省	
	防衛省	防衛施設庁
会計検査院		

出典：内閣府HPより筆者作成

3人や内閣広報官、内閣総務官の計六つの部署を編成し、大規模自然災害、重大事故・事件、武力攻撃事態、その他からなる緊急事態に対処することになっている。そして、災害時、被災者の救援・捜索、避難生活および補償・賠償、生活再建、その後、被災地の復旧・復興に取り組むことになっている。

　しかし、省庁の大半はややもすれば当局の都合のよい学識者や関係業界の代表に委員を委嘱しているため、被災者や被災地に寄り添った災害対策を講じずじまいになりがちである[20]。出先機関に出向した官僚はノンキャリアが大半で、地元に密着した業務に専念する者は少なく、中央志向の傾向にある。

加えて、災害対策よりも景気の回復など、地元への利益誘導や目先の対策に重点を置き、中長期的な対策は後回しにされている。しかも、災害は地震や風水害、火山災害を大規模自然災害、原子力災害を重大事故に限っているため、緊急事態になってはじめて各省庁と連絡・調整を図り、災害対策を講ずることになっている。これではいまだに予測が困難といわれている巨大地震や火山噴火、原子力災害、さらにはテロなどに即応できないことは明白である（**図表5-9**）。

　それだけではない。これらの下部組織である各省庁の組織は全国の主要都市に地方局や地方事務所、出張所などを配置したり、広域行政に努めているものの、"縦割り行政"となっているうえ、2～3年ごとに人事異動しているため、スキルアップに疑問を抱かざるを得ない（**図表5-10**）。

[2] 自治体の"縦割り行政"

　一方、自治体も政府と同様、"縦割り行政"であるため、その是正が必要である。

　たとえば、都道府県はそれぞれの市町村を指導、補助すべく、必要な事業を実施する広域自治体であるため、各地区に行政センターや事務所などを併設したり、各種審議会や委員会を設置、学識者や関係機関、当事者の代表を委員に委嘱し、より地域に密着した事業の推進に努めているが、やはり"縦割り行政"の域を出ていない。

　ちなみに、某県の組織をみてみると、知事および副知事をトップに、以下、企業管理者や会計管理者、病院局を編成する一方、議会や人事委員会、選挙管理委員会、監査委員、教育委員会を別途に、危機管理監や総務部、企画部、生活文化スポーツ部、子ども未来部、健康福祉部、環境森林部、産業経済部、県土整備部、危機管理室などからなっているが、実際は、限られたスペースでは紹介し切れないほど各部ごとに多数の課と係がある。

　このうち、災害対策を担当する部署は危機管理監のもと、危機管理室消防防災課およびその下に消防防災係、計画調整係、情報通信係などが設けられている。もっとも、災害の種類によっては環境森林部、県土整備部なども関わ

ることになっており、すべての国民を対象にした政府に対し、県民を対象にした同県であっても政府にまさるとも劣らないほど"縦割り行政"になっている（**図表5-11**）。

一方、市町村は基礎自治体だが「平成の大合併」に伴い、それまで約3,200あったものの、2016（平成28）年4月現在1,718に縮減された[*21]。このため、編入合併[*22]した町村は支所などとして再編され、「風前の灯」でいつ廃止されるかもしれない半面、行政規模は東京23区よりも広くなるなど"縦割り行政"どころか、役所が遠の

写真5-6　農山村でも"縦割り行政"
（ある村役場にて）

いたうえ、議員の定数の削減により、相談できる議員がいなくなったりして不便を押しつけられているところが大半である。

たとえば、2016（平成28）年5月現在、人口が2,073人で、「消滅可能性自治体」[*23]の一つと指摘されているある村は近隣の市町村との合併を望んだものの、財政負担を理由に断られ、合併を断念せざるを得なかったほどの「限界集落」ならぬ"限界自治体"で、村長をトップに約60人の職員により、議会事務局、会計局、教育委員会のほか、振興整備部、住宅生活部、総務部に組織化している。このうち、災害対策は人事財政課財政係が担当だが、その状況によっては総務部など他の部も関わらなければ対応できないのが実態である（**図表5-12**）。

事実、福祉デザイン研究所（所長：筆者）が2010（平成22）年、同村のすべての世帯を対象に住民の行政に対する意向などについて実施したアンケート調査によると、「顔見知りの職員がいるので何でも気軽に相談に乗ってくれる」、「手が空いているときは世間話もでき、サロンのようでありがたい」などと称賛の声が聞かれた一方、「手続きの窓口がそのつど、違うので面倒だ」などとの不満も聞かれた[*24]（**写真5-6**）。

図表5-11 某県における"縦割り行政"

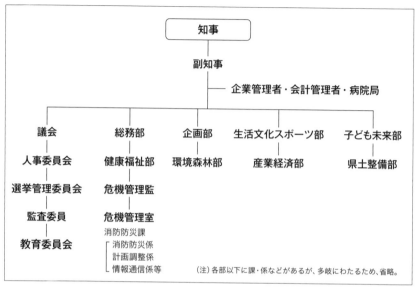

出典：某県HPより一部抜粋

図表5-12 某村の組織

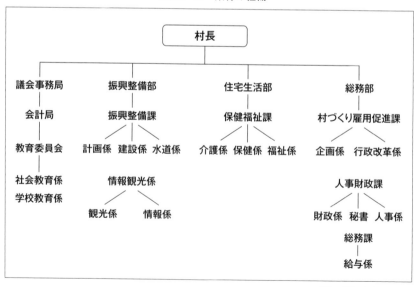

出典：某村HPより一部抜粋

[3] "縦割り行政"の是正策

　そこで、このような"縦割り行政"の是正策だが、専門職コースも含めた人事計画を導入したり、特定の職員数人をエリアマネジャー[*25]としたり、地方自治の調査研究をする研究所を新設したりして、より専門的、かつ実体的な体制にブラッシュアップしたい。

　具体的には、専門職コースは、職員の採用時、定年退職するまで異動せず、OJT[*26]やOFF-JT[*27]を通じてキャリアアップに努め、専門職として事業に務めさせるものである。これはスウェーデンなど北欧諸国でみられる人事労務管理だが、その場合、救命救急士[*28]や防災危機管理者[*29]、防災士[*30]、社会福祉士[*31]など保健・福祉・医療などの有資格者を優先して採用したり、担当職員にこれらの資格を取得させたりして地域福祉および地域防災に対し、専門的に取り組ませる。

　なお、長年にわたり人事異動がない場合、関係業界などとの癒着へのおそれがあるが、それは専門的な第三者による定期的な監査や住民に対する情報開示の徹底を通じ、対応すればよい（**図表5-13**）。

　これに対し、エリアマネジャーは一部のNPOや事業者で導入しているシステムで、数人をグループとするプロジェクトチームを配置し、フリーの立場で各部署を巡回し、事業の進捗状況の評価や事務の充実を担当させ、その結果を首長に意見具申させるものである。（**図表5-14**）。

　一方、研究所は庁舎内に併設し、従来のコンサルタント会社に代え、地元の大学や研究機関の協力を得て情報の収集や集積に努め、地方自治の研究を通じ、その結果を首長に報告させ、災害対策の充実をめざすものである。

　ただし、政府はもとより、都道府県や市町村も地域防災と地域福祉を一体化、あるいは連動すべく、政府は全国社会福祉協議会（全社協）、都道府県は都道府県社協、市町村は市町村社協、さらには社会福祉士などの専門職やエリアマネジャー、研究所などと連携を図ることはいうまでもない（**図表5-15**）。

　なお、このような"縦割り"の弊害は学界および研究者にもいえるため、名実ともの学際的な調査研究に努めたい。それというのも、たとえば、原発の再稼働に対し、日本学術会議は2015（平成27）年、政府と原子力事業者が"核

図表5-13　専門職コース併設の人事労務管理

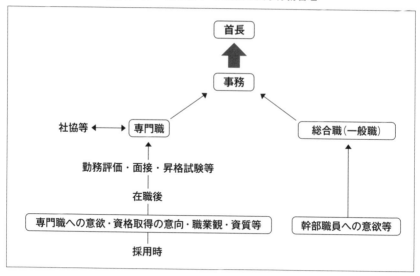

出典：筆者作成

図表5-14　エリアマネジャーの業務

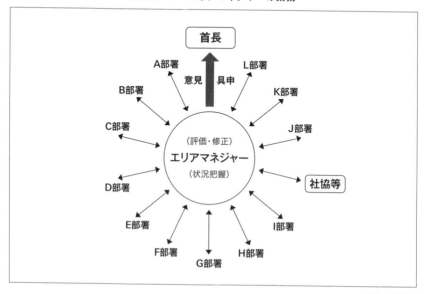

出典：筆者作成

図表5-15　研究所の設置

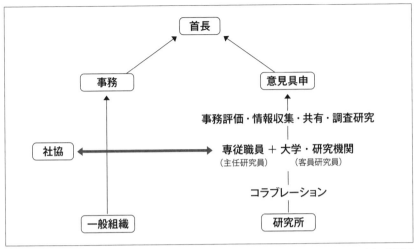

出典：筆者作成

のごみ"の処理への責任を明確にすることを再稼働の条件に再度提言しているが[*32]、地質学や地震学などの研究者の意見を汲み入れれば、そのような条件付きの再稼働の容認などあり得ない。まして、東京電力福島原発事故の補償・賠償をめぐり、その責任を免じたり、これらの負担の一部を電力の利用者である一般家庭の国民・住民、新電力の事業者にさせ、責任を転嫁することなどあってはならない。

　また、事故の原因の追及もせず、原発の発電用原子炉の運転期間が原則40年であるはずが、原子力規制委員会は1回に限り最大20年延長できる、とすることなど認められないことはいうまでもなく、福井県高浜町の関西電力高浜原発の住民の差し止め仮処分に対し、大津地裁が2016（平成28）年、同原子力事業者の保全の異議を退け、差し止め維持を決定したことは当然のことで[*33]、学際的な調査研究を通じ、その知見を災害対策に生かしたい。

4. 危機管理体制の確立

[1] 危機管理の意義とシステム

　第四は、危機管理体制の確立である。それというのも、平常時、万全の備えをし、災害時、最小限の被災で済むようにするとともに、その後の被災者の避難生活や補償・賠償、生活再建がスムーズに運び、かつその後の被災地の復旧・復興を図ることに意義があるからである。

　前述したように、政府や某県、某村、さらには焼津市のように、近年、自治体の災害対策の担当部署は危機管理監や危機管理室などといった名称で災害対策を講じているが、危機管理が重要なシステムと注目され始めたのは実は第二次世界大戦が終結した後の核時代、それも、キューバ危機に伴う米ソ（現ロシア）、さらにはキューバ各政府が導入したことに由来する。もっとも、キューバ危機は米ソの英断によって防ぐことができ、人類史上、初めての核戦争が回避されたことは周知のとおりである。

　ちなみに、危機管理とは本来、小惑星の衝突や戦争、テロ、原発のメルトダウン、巨大地震など最悪の事態に備えるシステムで、1950年代、アメリカから主に企業戦略上のリスクマネジメントとして日本に紹介された。その後、1995（平成7）年の阪神・淡路大震災や同年の地下鉄サリン事件を機に、災害対策におけるシステムとしてその導入をめぐる論議が本格化され、今日に至っている。

　しかし、厳密にいうと危機管理とリスクマネジメントとは若干異なる。すなわち、危機管理とは、危機が発生した場合、そのダメージを最小限にすべく、危機の状態から脱出、避難し、現状を回復するシステムだが、災害、とくに自然災害である地震や火山噴火などは予測、あるいは想定できない場合もあるため、人間の英知だけでは防ぎようがないケースもある。

　しかし、だからといって何もしないのでは被害は甚大になるだけなため、予測、あるいは想定される災害に対し、最小限の被害にとどめるべく、可能な限

図表5-16 危機管理とリスクマネジメントの関係

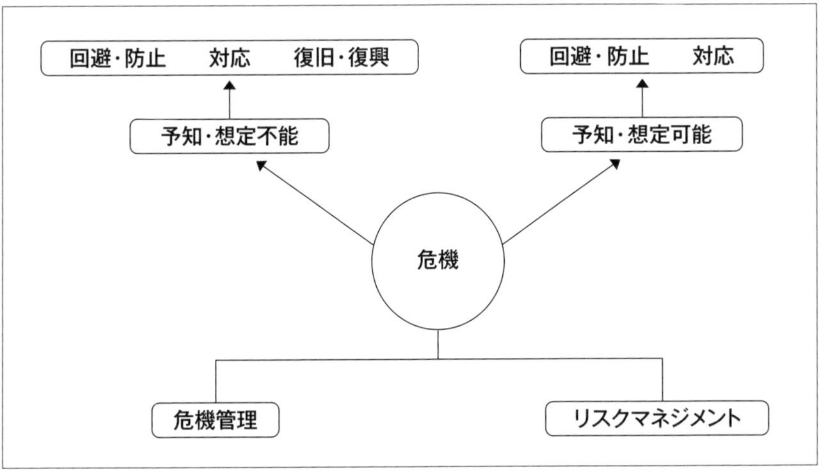

```
┌─────────────────────────────────────────────────────┐
│  回避・防止  対応  復旧・復興      回避・防止  対応   │
│      ↑                                ↑             │
│  予知・想定不能                    予知・想定可能      │
│         ↖                        ↗                  │
│              ( 危機 )                                │
│               │                                      │
│         ┌─────┴─────┐                               │
│      危機管理      リスクマネジメント                 │
└─────────────────────────────────────────────────────┘
```

出典：筆者作成

り災害対策を講じることになる。しかも、危機管理はたとえ最小限の危機で終わってもその後の復旧・復興、再発防止まで視野に入れ、総合的に取り組むことになる。

　一方、リスクマネジメントは、予測、あるいは想定されるリスクが起こらないよう、その原因となるリスクの状態をあらかじめ検討し、将来、どのようなリスクが生じてもそのダメージが最小限に済むよう、防止に努めるシステムである。このため、危機管理とやや異なり、危機がおさまればそのマネジメントは終結することになる。

　したがって、災害対策は被災者の補償・賠償や雇用の確保など生活再建や被災地の道路や宅地、官公庁や学校、消防署、警察署などの公共施設、社会福祉施設、医療機関、スーパーマーケット、コンビニエンスストア、ガソリンスタンドなどの復旧・復興も考える危機管理のほうがリスクマネジメントよりもすぐれており、より広い概念であることがわかる（**図表5-16**）。

[2] 危機管理と防災福祉

　そこで、政府はこの危機管理のシステムを大規模自然災害や原子力災害な

ど緊急事態に対応すべく、2004（平成16）年、自由民主党、民主党、公明党の三党合意で緊急事態基本法の成立を図ることを決定し、災害も緊急事態の一つとして取り組もうとした（未制定）。

　構想では、内閣総理大臣が詰める首相官邸に対処会議が設置され、緊急事態の発生を受け、内閣危機管理監および内閣官房副長官の指揮のもと、官邸連絡室と官邸対策室が設置され、災害が激甚な場合、内閣総理大臣の判断によって緊急災害対策本部が設けられることになっていた。

　しかし、すでに述べたように、災害は地震や風水害、火山災害、原子力災害に限られているため、制定されたとしても、その即応性や機動力などを疑問視する向きも少なくない（前出・図表5-9）。

　東京電力福島原発事故の際には、政府が原子力災害に関わる緊急事態に対処すべき事故の発生の報告は、電源の喪失から約1時間も遅れた可能性があったことが東電の社内調査でわかった。さらに、メルトダウンを口外しないよう、社内で口裏を合わせていたことがわかったというから、もはや何をかいわんやである[*34]。そこには関係者の意思疎通といった単純な問題ではなく、長年の政官財の癒着による護送船団、および被災者や被災地に寄り添った姿勢のなさを如実に物語っているのではないか。

　一方、自治体も近年、災害対策の担当する部署を従来の災害対策室や災害対策課から危機管理室や危機政策課、危機対策課などと名称を改めているところが増えている（前出・図表5-11、写真5-7）。

写真5-7　災害対策を危機管理と位置づける自治体
（焼津市役所にて）

　このようななか、"災害列島"の日本で、はたして、住民参加にもとづく公私協働による防災福祉のまちづくりが可能か、きわめて心もとない。なぜなら、1978（昭和53）年の宮城県沖地震でブロック塀の倒壊で18人が死亡したにもかかわらず、建築基準法の改正でブロック塀の中に鉄筋を

入れるだけにとどまり、2016（平成28）年の熊本地震などで同様の被災を繰り返しているからである。また、1995（平成7）年の阪神・淡路大震災で老朽化した木造住宅が倒壊したほか、火災も続発して多数に犠牲者が出たため、2000（平成12）年、木造の柱と土台をつなぐ金具や壁の配置を規定し、耐震化を図るよう、同法の改正がされているなど、常に後手に回っているからでもある。

それだけではない。この阪神・淡路大震災や東日本大震災および東京電力福島原発事故、2016（平成28）年の熊本地震および台風10号に伴う北海道・東北の風水害をみてもわかるように、内閣および政府と自治体との連絡・調整がきわめてちぐはぐで、同じような災害を繰り返しているため、避難生活は長引くばかりである。

そのうえ、その原因の究明や責任の追及、被災者の補償・賠償はあいまいで、かつ関連業界への規制は棚上げし、再稼働の推進と被災者への補償・賠償の金額を縮減すべく、帰還困難区域の被災者の不安が解消されていないにもかかわらず、その指定を一部解除する方針である[*35]。

また、自主避難している被災者には避難先での住宅の無償提供を途中で打ち切っている。そればかりか、国民が景気回復と社会保障の充実だけに関心を持っていることをいいことに、インドなど海外に原発の技術を売り込む始末で、国民無視、業界の利潤の追求に猛進している有様である。

象徴的なことは、被災地の復旧・復興の真っただ中であるにもかかわらず、9月1日の「防災の日」、東京などで例年どおり、訓練のための訓練をしてよしとする滑稽さである。本当にその気なら被災者が救援を待つ被災地に行き、災害対策を実践すればよい。

また、多くの省庁や自治体の災害対策の担当職員は庁舎のある地元に在住していないため、災害時、ITや公共交通などのインフラのマヒ、あるいは家族の被災によって出動できない状態にあるが、そのような問題を解決するため、担当職員の職員住宅（官舎）を用意すべきだが、近年の行財政改革に伴い、縮小したり、民間に払い下げたりしている自治体もある。

肝心の地域防災計画も政府の防災基本計画や都道府県の地域防災計画を踏まえ、策定しているため、災害時、高齢者や障害者、乳幼児、妊婦、生活保護世帯、ホームレス、外国人など災害および社会的、経済的弱者や要援護

写真5-8　ブロック塀や電柱もある老朽家屋の密集地（名古屋市にて）

者・要配慮者の避難誘導など地域福祉との一体化や連携もみられない。まして都市部では老朽化した木造住宅の密集地には消防車も出入りができない路地が多いうえ、ブロック塀や電柱、立て看板、ネオンサイン、広告塔、自動販売機などが撤去されていないため、災害時、火災やこれらの建築物の倒壊などによる二次、三次災害のおそれもある危険個所が目白押しであるにもかかわらず、野放し状態である（**写真5-8**）。

　一方、地方では臨海部や沿岸部、港湾、河口、河川敷、低地、急傾斜地、山間など危険個所に公共施設や工場、病院、社会福祉施設、民家が多いうえ、少子高齢化や人口減少に伴って過疎化が進み、利用者が激減しているとの理由で鉄道や路線バスが相次いで廃止されているため、災害時の支援や避難誘導はお手上げの状態である。また、住民も毎年のように各地で台風や集中豪雨などの風水害に見舞われるたびに山・崖崩れなどの土砂災害や河川の増水、堤防の決壊に遭って被災者を多数出しているにもかかわらず、「自分のところは大丈夫で、めったなことはない」などと高台など安全な場所に移転しない。

　それだけではない。臨海部や沿岸部などの海抜ゼロメートル地帯や河口を持つ地域では地震や津波、高潮のおそれがあったり、周辺に活断層があっても原発が建設され、政府もそのための補助金などを増額して事足りるとしているが、これは地方蔑視、切り捨て以外の何物でもなく、国家としての危機管理などなきに等しいのではないか。

[3]「想定内」の危機管理体制

　そこで、今こそ問われるのは危機管理で、何はさておき、国土の持続可能

な保全およびだれでも住み慣れた地域で生存権が保障され、いつまでも健康で、かつ安全・安心な生活を確保すべく、住民参加にもとづく公私協働により防災福祉のまちづくりに取り組むため、危機管理体制を確立したい。

　具体的には、防災福祉文化を醸成し、あらゆる災害も想定した危機管理体制を確立すべく、平常時、食料・飲料水などの備蓄や防災用品の常備、周辺の生活環境の点検、住民による見守りや安否確認など地域活動の推進、四季や昼夜を問わない防災訓練の実施と参加を促したい。

　また、担当職員の地元での在住およびそのための職員住宅の整備・拡充をはじめ、防災福祉の先進地への視察や災害時広域相互応援協定、受援計画の締結、防災福祉関連の有資格者の育成、調査研究機関の設置および地元の大学や研究機関との連携・協力によるスキルアップ、災害ボランティアとしての支援などに取り組み、今後、どのような災害に見舞われようとも「想定外」などと言い訳をして責任逃れなどしない危機管理体制を一刻も早く確立することが必要である。

　たとえば、絶対にあってはならないことだが、仮に首相官邸や中央省庁、国会議事堂、政府系関係機関、大企業の本社、外国政府大使館などが集中する東京・霞が関や永田町、虎ノ門、丸の内、日本橋、白金台、赤坂、また、日本一乗降客などが多いJR新宿駅や渋谷、東京などが首都直下地震や富士山噴火、さらには原発などを対象にしたテロや核ミサイルに見舞われたり、JR東海道新幹線や羽田空港が爆破されたりした場合、どうするのか。

　現在の危機管理体制ではそのつど、内閣総理大臣が各閣僚に非常召集をかけ、官邸危機管理センターで必要な情報を収集し、善後策を協議して各省庁と連絡・調整を図り、緊急事態に対処することになるが、東京一極集中および全国に54基も原発があるなか、果たして、首都機能はもとより日本の政治や経済への影響を回避できるのであろうか。また、それも「想定外」とし、責任を免れるのであろうか。危機管理とは、まさにこのような有事も含めた国家存亡に関わるシステムなのである。その意味で、たとえば防災危機管理者[*36]を配置するなど、新たな対応も考えたい。

　ただし、だからといって日本が核武装し、かつ同盟国・アメリカに追従し、地球のどこへでも集団的自衛権の行使によって参戦したり、駆けつけ警護な

どをしたりするのではない。あくまでも立憲主義を堅守し、かつ永世中立を宣言し、平和外交に転換して専守防衛と人道援助に努め、いずれの国とも対等平等に交流し、「平和を維持し、専制と隷従、圧迫と偏狭を地上から永遠に除去しようと努めてゐる国際社会において、名誉ある地位を占め」[*37]ることが国是であることはいうまでもない。

したがって、災害対策基本法で定める緊急事態条項を日本国憲法に盛り込み、大規模災害だけでなく、戦争やテロなどの有時に乱用することをねらった自民党の同法「改正」案は第二次世界大戦前、ドイツがワイマール憲法にもとづき、ナチズムを生んだことを反省すれば論議に値しないものである[*38]。

5. 分権国家への転換

[1] 災害対策の拡充と地方再生

最後に、第五は分権国家への転換である。それというのも、防災福祉のまちづくりのためには、防災福祉文化の醸成や公助・自助・互助・共助、"縦割り行政"の是正、危機管理体制の確立は実はあくまでも短期的な方策にすぎず、長中期的には現行の集権国家から分権国家へと転換しなければ旧態依然とした対米従属、および政官財の癒着による土建型公共事業は改まらず、国民の命と暮らしを最優先し、かつだれでも住み慣れた地域で生存権が保障され、いつまでも健康で、かつ安全・安心な生活を確保すべく、防災福祉のまちを実現することはできず、漂流どころか、「日本沈没」[*39]も現実のものとなってしまうからである。

では、まず何から手をつけるべきかだが、それにはやはり国民主権、基本的人権の尊重、平和主義からなる日本国憲法の三大原則を踏まえ、「生活三要素」である衣食住ならびに「新・生活三要素」である医職住[*40]を保障することである。なぜなら、日本は戦後、わずか20～30年で戦災復興および高度

経済成長を遂げ、国民生活が飛躍的に向上し、「人生50年」から「人生80年」、さらには「人生90年」へと延びており、GDPはアメリカ、中国に次いで世界第三位の座にあるものの、老後の不安はもとより、貧困と格差の拡大、さらには地方の疲弊は深刻化するばかりである。

また、"災害列島"であるうえ、向こう30年以内にマグニチュード7〜9クラス、震度7弱の首都直下地震や南海トラフ巨大地震の発生率が70%、さらに、これらの地震に誘発され、富士山などの噴火も懸念されている。このため、現行のように緊急事態を待つのではなく、平常時、国家存亡に関わる最悪の事態を想定し、どのような事態になっても国土の保全と国民の命と暮らしを守るとともに、「生活三要素」である国民の衣食住、ならびに「新・生活三要素」である医職住を保障することが重要だからである。

具体的には、いかなる緊急事態におかれようとも国民が餓死しないよう、ここ数年、39%にとどまったままの食料自給率[*41]を引き上げるべく、製造業やサービス業に特化した経済政策を農林水産業に重点を移し、食の安全と安定供給を図るとともに災害対策を拡充し、地方を活性化させることである。また、そのために都市部、それも東京一極集中を加速化させている現行の鉄道・道路・航空政策を見直し、地方での公共交通インフラを整備・拡充して再生し、サラリーマンとして都市部に移住しなければ生活していけないライフスタイルを見直すべきである。

このほか、対米従属を改め、いずれの国とも中立で専守防衛・人道援助に徹し、世界唯一の被爆国として東アジア、さらには国際社会における平和外交に通じ、だれでも住み慣れた地域で生存権が保障され、いつまでも健康で、かつ安全・安心な防災福祉のまち、さらには防災福祉の国をめざすことである（**写真5-9**）。

[2] 行財政改革の断行

また、防災福祉のまちづくりに取り組むには"縦割り行政"を横割りにするとともに政府と自治体の主従関係を廃止するため、抜本的な地方分権を推進すべく、真の行財政改革を断行することである。

具体的には、現在、1府12省庁に分かれている中央省庁が所轄する事務のうち、外交や防衛、エネルギー、環境、社会保障、災害対策、教育など以外の事務の許認可権や財源は自治体に移譲し、鉄道や道路、空港、港湾などの土木建設は政府と自治体、社会福祉やまちづくりは自治体の専権事項とする。そのうえで、中央省庁の官僚を半減し、自治体など関係機関に異動させる一方、国会議員の定数を半減して兼業職とし、歳費（報酬）や政務活動費、政党交付金の配当金など、一人当たり計数千万円から億単位の高額な人件費を大幅に圧縮すべきである。

また、財界からの政治献金や官僚の天下り、国会議員の口利きを一切禁止し、国民の納めた税金や社会保険料などの使途とその収支、および費用対効果を毎年、国民も納得するよう、報告の公開を義務化すべきである。

一方、自治体は政府および東京特別区を除き、北海道（州都・札幌市）、青森、秋田、岩手、山形、福島、宮城6県の東北州（同仙台市）、茨城、栃木、群馬、埼玉4県の北関東州（同さいたま市）、神奈川、千葉、埼玉、山梨4県の南関東州（同横浜市）、愛知、岐阜、三重、静岡、長野5県の中部州（同名古屋市）、新潟、富山、石川、福井4県の北陸州（同新潟市）、大阪、京都両府、兵庫県の近畿州（同大阪市）、広島、岡山、鳥取、島根、山口5県の中国州（同広島市）、愛媛、高知、香川、徳島4県の四国州（同松山市）、福岡、佐賀、長崎、熊本、大分、宮崎、鹿児島7県の九州州（同福岡市）、沖縄県の沖縄州（同那覇市）の計10の州政府および約1,700の市町村の三層からなる分権型行財政システムを志向したい。

そのうえで、財源の配分を政府3、

写真5-9　災害対策の拡充で地方再生
（広島市郊外にて）

州政府3、市町村4程度に見直して"7割自治"とし、中央省庁の官僚や国会議員の定員や定数を半減する一方、不要になった中央省庁の官僚は自治体に異動させる。また、国会議員は地方議員ともども兼業職とし、かつ歳費は歩合制としたうえ、地方自治の本旨を実体化し、"3割自治"を解消する。

なお、その際、行財政規模の小さい市町村でも農林水産業などで地域活性化を図るべく、政府に都合のよい手あげ方式の事業への補助金の交付という「地方創生」などといったまやかしの集権型行財政システムから分権型行財政システムに移行し、東京や大阪、名古屋の三大都市圏、わけても東京一極集中を加速化させる鉄道や道路、空港、港湾などの土建型公共事業は思い切って中止し、限られた財源を地方の公共交通やITなどのインフラの整備・拡充に回して地方自治を推進し、だれでも住み慣れた地域で生存権が保障され、いつまでも健康で、かつ安全・安心な防災福祉のまちづくりに取り組むべきである。これが真の行財政改革である（**図表5-17**）。

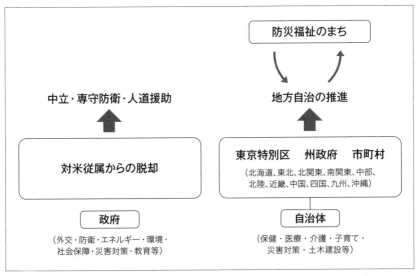

図表5-17　真の行財政改革

出典：筆者作成

［3］分権国家への転換

　このように考えると、究極の行財政改革は集権型行財政システム、すなわち、集権国家から分権型行財政システム、すなわち、分権国家に転換する以外にない。それというのも、安倍政権は所得税を増税し、東日本大震災および東京電力福島原発の2011～2015（平成23～27）年度の復興予算を26兆円と計上したものの、被災者支援にはわずか1.7兆円しか投入せず、大半はインフラ整備や産業振興・雇用確保、原発災害、土木建設費と相変わらず業界の利益誘導の方を優先している。しかも、2015（平成27）年度の企業の内部留保は金融・保険業を除いても前年度比6.6％を上回る約378兆円に上っており、政権の体質が相変わらず財界志向であることが明らかになった[*42]。

　また、2014（平成26）年、内閣官房に「まち・ひと・しごと創生本部」を設置し、地方の人口減少問題にあたる「長期ビジョン」、および「2020年までの総合戦略」を策定し、50年後の人口1億人の維持に向け、地方の雇用創出や企業の最低賃金の引き上げなどを中心に、総額4,200億円を投入することになったが、中央省庁の地方移転は文化庁の京都移転のみで、所詮、集権国家を維持したままの中央による地方支配に変わりはなく、地方、とりわけ、少子高齢化および人口減少によって過疎化し、「限界集落」が急増している農山漁村はますます見捨てられるだけで、その効果はきわめて疑わしい。

　ただし、そのためには国民もややもすれば国政や地方政治の議員や担当職員にお任せで、かつ行政依存である「お任せ民主主義」から政治に参加し、国民として果たすべき役割、すなわち、自助や互助、共助にも努め、防災福祉のまち、さらには防災福祉の国となるよう、自立するとともに連帯し、「参加型民主主義」を推進しなけれなばならない。これが明治維新以来の国家統治としてのソーシャルガバメントから国民協治のソーシャルガバナンスである（**図表5-18**）。

　というと、「道、いまだ遠し」の感があるかもしれない。なぜなら、地方分権化の論議が交わされるようになったのは1990年代以降であるため、それから早30年近く経っているからだが、実は行財政に関わる多くの権限や財源は政府が持ち、自治体を指導監督するとされる集権国家は律令制の奈良時代や明

図表5-18　ソーシャルガバメントからソーシャルガバナンスへ

出典：筆者作成

治時代にみられたものの、江戸時代、幕府は各藩を参勤交代制により財政の肥大や討幕を防止していたが、その実体は各藩の自治権を保障していた。

　しかし、明治維新で近代国家の建設を国是とした新政府は王政復古へと回帰し、イギリスをはじめ、西欧の議院内閣制や権力の中央集中を重視し、今日の集権国家の礎を築いた。それでも、1970年代以降、分権化について日本でも遅ればせながらやっと論議されるようになり、民主党政権当時、「新しい公

共」、あるいは「地域主権」が提唱され、その期待が高まった。もっとも、長年の自民党政権の悪政の尻ぬぐいに追われる一方、政権内の内紛、さらには東日本大震災および東京電力福島原発事故に見舞われ、その対応に批判が集中し、衆議院解散・総選挙で大敗し、再び自公政権に戻り、現在に至っているのである。

　いずれにしても、先進国でいまだに集権国家のままの国は日本とフランスだけである。「ローマは一日にして成らず」の格言どおり、確かに、民主主義の普及・定着には時間がかかる。とはいえ、欧米の分権国家の先進諸国はいずれも時間をかけて今日の分権国家を築き、今日に至っているのである。

　第二次世界大戦の敗戦後、わずか20〜30年という短期間で戦災復興および高度経済成長を遂げ、欧米の先進諸国をして奇跡といわしめたが、その勤勉実直な国民性をしてGDPをアメリカ、中国に次いで第三位を死守たらしめている日本が、住民参加にもとづく公私協働により、防災福祉のまちを実現できないわけがない。その意味で、だれでも住み慣れた地域で生存権が保障され、いつまでも健康で、かつ安全・安心な生活を確保すべく、人間尊重と共生社会からなる防災福祉のまち、さらに防災福祉の国を実現できるかどうかは、国民一人ひとりの手にかかっているのである。

注

* 1 地域福祉には介護保険制度における地域包括支援センターを中心とした地域包括ケアシステムも含む。くわしくは拙著『介護保険再点検』ミネルヴァ書房、2014年。
* 2 一番ヶ瀬康子・小林博・河畠修・薗田碩哉編『福祉文化論』有斐閣、1997年。
* 3 2015（平成27）年の関東・東北豪雨の際、茨城県常総市の本庁舎が浸水し、非常用電源装置が機能不全に陥った。2015年11月18日付各紙報道。
* 4 くわしくは前出『市町村合併と地域福祉』。
* 5 東京電力福島原発事故の責任について、検察審査会から起訴議決を受け、検察官役の指定弁護士は2016（平成28）年2月、業務上過失傷害罪で東京地検に強制起訴した。同月29日付各紙。
* 6 たとえば、「朝日新聞」2015年9月1日付によると、東京電力福島原発事故に対し、IAEA（国際原子力機関）は同月、「日本では原発を安全という思い込みが優先されてきた」と批判している。
* 7 「朝日新聞」2016年12月2日付。
* 8 くわしくは法定受託事務。かつての機関委任事務。なお、自治体には独自に取り組むべき自治事務と併せて二つある。
* 9 日本国憲法第92条で地方自治の本旨と定められているものの、自治体の財政の全体の7割は政府が有しており、政府の方針にもとづく施策のみ補助金などとして自治体に交付されているため、自治体が住民のニーズに十分応えられない集権国家の実態の一つ。
* 10 小学3年以上、高校3年までの学童で住所地の消防署に併設された任意団体。消防訓練や野外キャンプ活動、応急救護訓練などを受け、災害時、消防署員とともに活躍する。東京消防庁管内で約80団体、約4,500人が所属している。
* 11 鳥取県智頭町では2011（平成23）年度、災害時、被災者に1週間宿泊先と食事を提供、災害がなければ代わりに農作物など地元の特産品を届ける「疎開保険」を導入した。掛け金は年間1人当たり1万円。
* 12 政府および自治体は3日分としているが、可能なら1か月分を心がけたい。飲料水や乾パンには、5年備蓄可能なものも市販されている。
* 13 消防組織法にもとづき、すべての市町村に設置されている、団員は非常勤の公務員で、消防署と連携して防災活動に努めるが、2015（平成26）年現在、計約86万人と1954（昭和28）年の同200万人と比べ、半分以下となっている。「朝日新聞」2016年6月20日付。
* 14 災害時、まずは自分の命を最優先し、自治体の指定した避難経路や避難場所にこだわらず、てんでんばらばらに高台へ避難するという釜石市など三陸地方の沿岸市町村独自の避難行動の規範。同市の沿岸部では「命てんでんこ」とも呼んでいる。
* 15 社会福祉士など社協の職員が個々の地区社協に常駐、地域を組織化し、住民参加にもとづく公私協働により小地域福祉を推進していくリーダー。
* 16 2016（平成28）年の熊本地震では刑務所も活用された。
* 17 宗教や宗派を問わず、ボランティアで宗教的なケアを行う宗教家。東日本大震災を機に注目されている。
* 18 2016（平成28）年の熊本地震では県内の介護福祉士などが災害派遣福祉チーム「DCAT」を編成し、被災者一人ひとりに寄り添うべく、各避難所を巡回し、困りごと相談に応じた。
* 19 内閣法第15条「国民の生命、身体又は財産に重大な被害が生じ、又は生じるおそれがある緊急の事態への対処及び当該事態の発生の防止をいう。」
* 20 東日本大震災の東京電力福島原発事故で出た放射性物質を含む指定廃棄物を民間産業廃棄物処分場で最終処分したい、とする環境省の姿勢はまさにその象徴である。本当に安全であれば電力供給地の東京に設置してもよいのではないか。
* 21 前出『市町村合併と地域福祉』。
* 22 「平成の大合併」では対等合併と編入合併の二つがあるが、後者は事実上の吸収合併。

*23　日本創成会議が2014(平成26)年、20～39歳の女性の人口予想減少率にもとづき、報告した「消滅可能性」890自治体。これには東京都豊島区も含まれており、反発がある。

*24　福祉デザイン研究所「限界集落・自治体の地域コミュニティ再生事業調査報告書」(平成22年度独立行政法人福祉医療機構社会福祉振興助成事業)」同研究所、2011年。

*25　一定の生活圏域などのエリア内の事業について、地域特性や人材など社会資源を有効に活用すべく連絡・調整を図るマネジャー。

*26　職場内で必要な教育や研修を通じ、職員のキャリアアップに努めること。内部研修。

*27　国内や海外など職場外で必要な教育や研修を通じ、職員のキャリアアップに努めること。外部研修。

*28　病院への搬送中、急患に対し、救急車などで救急救命医療を施し、病院へ搬送する国家資格。

*29　各種災害に関わる専門的な意識や知識、技能を有し、災害への備えや災害発生直後の初動や避難誘導、人命救助、復旧・復興などのリーダーとして一般社団法人教育システム支援機構で認められた者。

*30　自助や互助、共助などを原則に、さまざまな場で「減災」や防災の向上のための活動について意識や知識、技能を持ち、NPO日本防災士機構で認められた者。

*31　社会福祉に関わる専門的な理論やソーシャルワークなどの技術を持つ国家資格。

*32　「東京新聞」2015年2月15日付。

*33　「朝日新聞」2016年7月13日付。

*34　「朝日新聞」2016年3月2日付など。

*35　「朝日新聞」2016年3月11日付。

*36　一般社団法人教育システム支援機構の認証資格。災害時、被災者の避難誘導や人命救助、復旧・復興に地域のリーダーとして努める。

*37　日本国憲法前文の一部。

*38　「朝日新聞」2016年6月28日付。

*39　SF作家の小松左京が1973(昭和48)年に刊行したSF小説。巨大地震が首都を襲い、日本列島全体の政治や経済の機能がマヒすると警告した。

*40　医職住を「新・生活三要素」と提唱しているのは筆者の自説。なお、住だけが「生活三要素」と変わらないのはそれだけ住宅事情および住環境は戦後70年以上経っても改善していないからである。くわしくは拙編著『住環境福祉論』ミネルヴァ書房、2011年。

*41　国内の食料の消費が国産の食料でどの程度賄うことができているのかどうかの指標。38％は2015(平成27)年の政府試算の数値(カロリーベース)。

*42　「朝日新聞」2016年9月2日付。

あとがき

　「日本は今後10年で、自然災害などによりGDPのうち、約39兆円を失うおそれがある。それも、その経済的損失は台湾の台北に次いで東京が世界第二位、大阪は同八位」——。

　社会保障を中心にこれまで約30年、内外を調査研究してきたが、2015（平成27）年9月4日付の「朝日新聞」朝刊、およびイギリス・ロンドンのロイズ保険組合とケンブリッジ大学のリスク研究センターが公表した「世界各都市の今後10年間の事故や自然災害による危険度に関する調査リポート」で（http://www.lloyds.com/cityriskindex）の報道に接し、衝撃を受けた。それというのも、同保険会社は、1912年、アメリカ・ニューファウンドランド、セント・ジョンズ沖で沈没し、約1,500人の犠牲者を出した豪華客船「タイタニック号」の遭難の危険性を予告していたからだった。また、その損失の金額は国家予算の約3分の1を占め、社会保障費とほぼ同額に相当する金額だったからでもある。

　しかし、考えてみれば、日本は災害危険度が世界屈指で、かつ東日本大震災および東京電力福島第一原発事故からすでに5年経っているのに、行方不明者の捜索や被災者の補償・賠償、生活再建、被災地の復旧・復興がさっぱり進んでいない。にもかかわらず、2020（平成32）年、東京五輪を再開するなど災害にまともに向き合おうとせず、対米従属および政官財の癒着による土建型公共事業の推進に躍起である。しかも、このような政治の堕落を追及すべきメディアも国民も今ひとつ腰が引けており、このままでは国そのものが"漂流"どころか、"沈没"のおそれがある。

　そこで、ややもすれば問題の解決にあたり、事後措置的な制度・政策および事業・活動にとどまりがちな社会保障および社会福祉を〈災害保障〉および〈災害福祉〉の視座に立ち、地域防災と地域福祉を融合させ、防災福祉のまちづくりのシステム化を提言したのが本書である。

　なお、第1章の「2.(1)ソーシャルワークの概念・体系および課題」は拙著『地域福祉とソーシャルガバナンス』（中央法規出版、2007年）および拙編著『社

会福祉援助技術』(ミネルヴァ書房、2003年)、第2章の「1.災害法制」および「2.行政・指定機関・民間組織」は拙稿「浅間山大噴火被災地再生に対する社会保障および社会福祉的考察」(「武蔵野大学人間科学研究科年報」第4号、2015年)、および『地域福祉源流の真実と防災福祉コミュニティ』(大学教育出版、2016年) を大幅に縮減、または加筆し、書き下ろしたものである。

　いずれにしても、防災福祉のまちづくりのカギとなるのは社会保障の再生と日本のアジア、さらには国際社会における立ち位置であるため、今後も内外の調査研究を深め、別途、その成果をまとめるつもりである。その意味で、賢明な諸兄・姉にあっては引き続きご指導をいただければ幸いである。

　最後に、本書を上梓するにあたり、お忙しいなか、調査にご協力をいただいた学校法人立命館や各地の自治体、社会福祉協議会(社協)など関係機関や団体、および本書の企画から編集に至るまで適切な助言とその労をとっていただいた水曜社社長の仙道弘生氏に対し、深く感謝したい。

2017(平成29)年 初春　　　　　　　　　　　　　　　　　川村 匡由

参考文献

1. 川村編著『高齢者福祉論』ミネルヴァ書房、2003年。
2. 川村編著『地域福祉論』ミネルヴァ書房、2005年。
3. 川村著『介護保険再点検』ミネルヴァ書房、2014年。
4. 川村著『地域福祉計画論序説』中央法規出版、1993年。
5. 渡部喜智「災害関連法制の現状と課題―東日本大震災への適用と今後―」農林中金総合研究所、2011年。
6. 太田保之「災害精神医学の現状」精神医学 vol35,No4、1996年。
7. 長谷川洋昭・福島忍・矢野明宏編著『災害福祉論』青鞜社、2015年。
8. 大橋謙策・手島陸久・千葉和夫・辻浩編『コミュニティソーシャルワークと自己実現サービス』万葉舎2000年。
9. 高橋有二「災害処理の原則と防災計画」救急医学15、1991年。
10. 金吉晴編『心的トラウマの理解とケア』じほう、2001年。
11. 萩原幸男編『災害の事典』朝倉書店、1992年。
12. 内閣府編『防災白書（各年版）』日経印刷。
13. 右田紀久恵『自治型地域福祉の理論（社会福祉研究選書2）』ミネルヴァ書房、2005年。
14. 岩波書店編『東日本大震災、原発災害特集　原子力からの脱出』『世界6月号』№818、2011年、岩波書店。
15. 兵庫県社会福祉協議会編『大震災と社協』阪神・淡路大震災社会福祉復興本部、1996年。
16. 中村八郎・吉田太郎『『防災大国』キューバに世界が注目するわけ』築地書館、2011年。
17. 大橋謙策『災害時におけるソーシャルワークの展開事業報告書（平成18年度長寿社会福祉基金助成事業）』特定非営利活動法人日本地域福祉研究所、2007年。
18. 佐藤靖「最近の風水害・雪害の特徴及び災害関係法制度の論点～被災者の視点での制度見直しの必要性～」『立法と調査262』参議院調査室、2006年。
19. 池田昌弘、荻田藍子、藤井博志「東日本大震災復興支援における地域福祉実践研究の課題」『地域福祉実践研究』第3号、2012年。
20. 岡部卓「被災地とどう向き合うか」『社会福祉学』第54巻第1号、2013年。
21. 大島隆代「被災者の生活支援のための方法論に関する考察」『社会福祉学』第57巻第2号、2016年。
22. 兵庫県『阪神・淡路大震災の復旧・復興について』2001年。
23. 拙稿「東日本大震災および東電原発事故と地域福祉」『地方自治職員研修』臨時増刊号97、公職研、2011年。
24. スイス連邦内務省HP　http://www.edi.admin.ch/ 2016年。
25. スイス連邦司法・警察省HP　http://www.ejpd.admin.ch/ 2016年。
26. スイス連邦国防・国民保健・スポーツ省HP　http://www.vbs.admin.ch/ 2016年。
27. スイス連邦財務省HP　http://www.edf.admin.ch/ 2016年。
28. スイス政府観光局HP　http://www.myswiss.jp/ 2016年。
29. アメリカ合衆国連邦緊急事態管理庁HP　http://www.fema.gov/　2016年。
30. 日本政府外務省HP　http://www.mofa.go.jp/mofaj/area/cuba/data.html　2016年。

索引

Plan-Do-See (Check) 理論 ……………… 32
REGA (スイス航空救助隊) ……………… 130
一番ヶ瀬康子 ……………………………… 49
上杉鷹山 …………………………………… 75
エリアマネジャー ………………………… 169
エンゲル …………………………………… 49
岡村重夫 …………………………………… 19
奥田道大 …………………………………… 50
お任せ民主主義 …………………………… 79
カウンセリング …………………………… 28
火山噴火警報 ……………………………… 148
間接援助技術 ……………………………… 27
危機管理 …………………………………… 172
基礎的ニーズ ……………………………… 20
救急医療搬送システム …………………… 86
行財政改革 ………………………………… 179
共助 ………………………………………… 161
緊急地震速報 ……………………………… 148
ケアマネジメント ………………………… 28
ケースマネジメント ……………………… 28
減災 ………………………………………… 31
公助 ………………………………………… 156
互助 ………………………………………… 158
コミュニティ ……………………………… 50
コミュニティソーシャルワーカー (CSW) …… 26
コミュニティソーシャルワーク ………… 26
コミュニティワーク ……………………… 27
コンサルテーション ……………………… 28
災害 ………………………………………… 30
災害救助法 ………………………………… 61
災害情報 …………………………………… 147
災害ソーシャルワーク …………………… 31
災害福祉 …………………………………… 35
災害法制 …………………………………… 58
災害保障 …………………………………… 34
ジェネラリストソーシャルワーク ……… 30
自助 ………………………………………… 156
システム論 ………………………………… 30

自然災害 …………………………………… 31
指定機関 …………………………………… 64
社会保障 …………………………………… 12
社会保障制度に関する勧告 (50年勧告) …… 13
人為的災害 ………………………………… 31
スイス災害救助犬協会 …………………… 131
スーパービジョン ………………………… 28
スペシフィックソーシャルワーク ……… 30
生活モデル ………………………………… 30
選別主義的なサービス …………………… 19
ソーシャルアクション …………………… 28
ソーシャルアドミニストレーション …… 27
ソーシャルガバナンス (国民協治) ……… 182
ソーシャルガバメント (国家統治) ……… 182
ソーシャルサービスネットワーク ……… 28
ソーシャルプランニング ………………… 27
ソーシャルワーク ………………………… 24
ソーシャルワークリサーチ ……………… 27
耐震基準 …………………………………… 60
タイムライン ……………………………… 137
玉村文郎 …………………………………… 75
地域福祉 …………………………………… 20
地域福祉活動計画 ………………………… 22
地域福祉計画 ……………………………… 22
地域防災計画 ……………………………… 23
中央防災会議 ……………………………… 63
直接援助技術 ……………………………… 27
津波情報 …………………………………… 148
バイスティック …………………………… 29
ハプスブルグ家 …………………………… 122
被災者生活再建支援法 …………………… 61
避難所 ……………………………………… 43
付加的ニーズ ……………………………… 20
福祉 ………………………………………… 48
福祉避難所 ………………………………… 40
福祉六法 …………………………………… 20
普遍主義的なサービス …………………… 19
分権国家 …………………………………… 182

ベヴァリッジ	12
防災	47
防災気象情報	147
防災福祉	49
防災福祉文化	144
マズロー	19
マッキーバー	50
三浦文夫	18
民間機関	65
モニタリングポスト	145
リスクマネジメント	173

◎著者紹介

川村 匡由（かわむら まさよし）

1969年、立命館大学文学部卒、1999年、早稲田大学大学院人間科学研究科博士学位取得、博士（人間科学）。現在、社会保障学者・武蔵野大学名誉教授、福祉デザイン研究所所長、地域サロン「ぷらっと」主宰。山岳紀行家。

主著『シリーズ・21世紀の社会福祉（全21巻・編著）』『介護保険再点検』（ミネルヴァ書房）『地域福祉とソーシャルガバナンス』（中央法規出版）『地域福祉源流の真実と防災福祉コミュニティ』（大学教育出版）『脱・限界集落はスイスに学べ』（農文協）『団塊世代の地域デビュー』（みらい）『人生100年"超"サバイバル法』（久美出版）ほか。

HP http://www.geocities.jp/kawamura0515/

防災福祉のまちづくり
公助・自助・互助・共助

発行日	2017年3月1日　初版第一刷発行
	2017年12月7日　初版補訂版発行
著者	川村 匡由
発行人	仙道 弘生
発行所	株式会社 水曜社
	〒160-0022
	東京都新宿区新宿1-14-12
	TEL 03-3351-8768　FAX 03-5362-7279
	URL suiyosha.hondana.jp/
装幀	井川祥子
印刷	日本ハイコム 株式会社

©KAWAMURA Masayoshi 2017, Printed in Japan
ISBN 978-4-88065-404-1 C0036

本書の無断複製（コピー）は、著作権法上の例外を除き、著作権侵害となります。
定価はカバーに表示してあります。落丁・乱丁本はお取り替えいたします。